Taschenbuch – Literatur - Klassiker

Band 75
Friedrich Schiller
Don Carlos, Infant von Spanien

Friedrich Schiller

Don Carlos, Infant von Spanien

Band 75
1.Auflage
Taschenbuch – Literatur - Klassiker
Herausgeber Frank Weber, Marburg
Bibliografische Information der Deutschen Nationalbibliothek:
Die Deutsche Nationalbibliothek verzeichnet diese Publikation in der Deutschen
Nationalbibliografie; detaillierte bibliografische Daten sind im Internet abrufbar über
http://dnb.dnb.de
© 2018 Friedrich v. Schiller
ISBN: 9783751922418
Herstellung und Verlag: BoD – Books on Demand, Norderstedt

Inhalt

Personen.

Philipp der Zweite, König von Spanien.

Elisabeth von Valois, seine Gemahlin.

Don Carlos, der Kronprinz.

Alexander Farnese, Prinz von Parma, Neffe des Königs.

Infantin Klara Eugenia, ein Kind von drei Jahren.

Herzogin von Olivarez, Oberhofmeisterin.

Marquisin von Mondekar,

Prinzessin von Eboli,

Gräfin Fuentes, Damen der Königin.

Marquis von Posa, ein Malteserritter,

Herzog von Alba,

Graf von Lerma, Oberster der Leibwache,

Herzog von Feria, Ritter des Vlieses,

Herzog von Medina Sidonia, Admiral,

Don Raimond von Taxis, Oberpostmeister, Granden von Spanien.

Domingo, Beichtvater des Königs.

Der Grossinquisitor des Königreichs.

Der Prior eines Kartäuserklosters.

Ein Page der Königin.

Don Ludwig Merkado, Leibarzt der Königin.

Mehrere Damen und Granden, Pagen, Offiziere.

Die Leibwache und verschiedene stumme Personen.

Erster Akt

Der königliche Garten in Aranjuez.

Erster Auftritt

Carlos, Domingo.

DOMINGO.
Die schönen Tage in Aranjuez
Sind nun zu Ende. Eure königliche Hoheit
Verlassen es nicht heiterer. Wir sind
Vergebens hier gewesen. Brechen Sie
Dies rätselhafte Schweigen. Öffnen Sie
Ihr Herz dem Vaterherzen, Prinz. Zu teuer
Kann der Monarch die Ruhe seines Sohns –
Des einzgen Sohns – zu teuer nie erkaufen.

Carlos sieht zur Erde und schweigt.

Wär noch ein Wunsch zurücke, den der Himmel
Dem liebsten seiner Söhne weigerte?
Ich stand dabei, als in Toledos Mauern
Der stolze Karl die Huldigung empfing,
Als Fürsten sich zu seinem Handkuß drängten,
Und jetzt in einem – einem Niederfall
Sechs Königreiche ihm zu Füßen lagen –
Ich stand und sah das junge stolze Blut
In seine Wangen steigen, seinen Busen
Von fürstlichen Entschlüssen wallen, sah
Sein trunknes Aug durch die Versammlung fliegen,
In Wonne brechen – Prinz, und dieses Auge
Gestand: Ich bin gesättigt.

Carlos wendet sich weg.

Dieser stille
Und feierliche Kummer, Prinz, den wir
Acht Monde schon in Ihren Blicken lesen,
Das Rätsel dieses ganzen Hofs, die Angst
Des Königreichs, hat Seiner Majestät

Schon manche sorgenvolle Nacht gekostet,
Schon manche Träne Ihrer Mutter.

CARLOS *dreht sich rasch um.*

Mutter?
– O Himmel, gib, daß ich es dem vergesse,
Der sie zu meiner Mutter machte!

DOMINGO.

Prinz?

CARLOS *besinnt sich und fährt mit der Hand über die Stirne.*

Hochwürdger Herr – ich habe sehr viel Unglück
Mit meinen Müttern. Meine erste Handlung,
Als ich das Licht der Welt erblickte, war
Ein Muttermord.

DOMINGO.

Ists möglich, gnädger Prinz?
Kann dieser Vorwurf Ihr Gewissen drücken?

CARLOS.

Und meine neue Mutter – hat sie mir
Nicht meines Vaters Liebe schon gekostet?
Mein Vater hat mich kaum geliebt. Mein ganzes
Verdienst war noch, sein Einziger zu sein.
Sie gab ihm eine Tochter – O wer weiß,
Was in der Zeiten Hintergrunde schlummert?

DOMINGO.

Sie spotten meiner, Prinz. Ganz Spanien
Vergöttert seine Königin. Sie sollten
Nur mit des Hasses Augen sie betrachten?
Bei ihrem Anblick nur die Klugheit hören?
Wie, Prinz? Die schönste Frau auf dieser Welt,
Und Königin – und ehmals Ihre Braut?
Unmöglich, Prinz! Unglaublich! Nimmermehr!
Wo alles liebt, kann Karl allein nicht hassen;
So seltsam widerspricht sich Carlos nicht.
Verwahren Sie sich, Prinz, daß sie es nie,
Wie sehr sie ihrem Sohn mißfällt, erfahre;
Die Nachricht würde schmerzen.

CARLOS.
Glauben Sie?

DOMINGO.
Wenn Eure Hoheit sich des letzteren
Turniers zu Saragossa noch entsinnen,
Wo unsern Herrn ein Lanzensplitter streifte –
Die Königin mit ihren Damen saß
Auf des Palastes mittlerer Tribune
Und sah dem Kampfe zu. Auf einmal riefs:
»Der König blutet!« – Man rennt durcheinander,
Ein dumpfes Murmeln dringt bis zu dem Ohr
Der Königin. »Der Prinz?« ruft sie und will,
Und will sich von dem obersten Geländer
Herunterwerfen, –»Nein! Der König selbst!«
Gibt man zur Antwort –»So laßt Ärzte holen!«
Erwidert sie, indem sie Atem schöpfte.

Nach einigem Stillschweigen.

Sie stehen in Gedanken?

CARLOS.
Ich bewundre
Des Königs lustgen Beichtiger, der so
Bewandert ist in witzigen Geschichten.

Ernsthaft und finster.

Doch hab ich immer sagen hören, daß
Gebärdenspäher und Geschichtenträger
Des Übels mehr auf dieser Welt getan,
Als Gift und Dolch in Mörders Hand nicht konnten.
Die Mühe, Herr, war zu ersparen. Wenn
Sie Dank erwarten, gehen Sie zum König.

DOMINGO.
Sie tun sehr wohl, mein Prinz, sich vorzusehn
Mit Menschen – nur mit Unterscheidung. Stoßen Sie
Nicht mit dem Heuchler auch den Freund zurück.
Ich mein es gut mit Ihnen.

CARLOS.
Lassen Sie
Das meinen Vater ja nicht merken. Sonst
Sind Sie um Ihren Purpur.

DOMINGO *stutzt.*
Wie?

CARLOS.
Nun ja.
Versprach er Ihnen nicht den ersten Purpur,
Den Spanien vergeben würde?

DOMINGO.
Prinz,
Sie spotten meiner.

CARLOS.
Das verhüte Gott,
Daß ich des fürchterlichen Mannes spotte,
Der meinen Vater seligsprechen und
Verdammen kann!

DOMINGO.
Ich will mich nicht
Vermessen, Prinz, in das ehrwürdige
Geheimnis Ihres Kummers einzudringen.
Nur bitt ich Eure Hoheit, eingedenk
Zu sein, daß dem beängstigten Gewissen
Die Kirche eine Zuflucht aufgetan,
Wozu Monarchen keinen Schlüssel haben,
Wo selber Missetaten unterm Siegel
Des Sakramentes aufgehoben liegen –
Sie wissen, was ich meine, Prinz. Ich habe
Genug gesagt.

CARLOS.
Nein! Das sei fern von mir,
Daß ich den Siegelführer so versuchte!

DOMINGO.
Prinz, dieses Mißtraun – Sie verkennen Ihren

Getreusten Diener.

CARLOS *faßt ihn bei der Hand.*
Also geben Sie
Mich lieber auf. Sie sind ein heilger Mann,
Das weiß die Welt – doch, frei heraus – für mich
Sind Sie bereits zu überhäuft. Ihr Weg,
Hochwürdger Vater, ist der weiteste,
Bis Sie auf Peters Stuhle niedersitzen.
Viel Wissen möchte Sie beschweren. Melden
Sie das dem König, der Sie hergesandt.

DOMINGO.
Mich hergesandt? –

CARLOS.
So sagt ich. O, zu gut,
Zu gut weiß ich, daß ich an diesem Hof
Verraten bin – ich weiß, daß hundert Augen
Gedungen sind, mich zu bewachen, weiß,
Daß König Philipp seinen einzgen Sohn
An seiner Knechte schlechtesten verkaufte,
Und jede von mir aufgefangne Silbe
Dem Hinterbringer fürstlicher bezahlt,
Als er noch keine gute Tat bezahlte.
Ich weiß – O still! Nichts mehr davon! Mein Herz
Will überströmen, und ich habe schon
Zu viel gesagt.

DOMINGO.
Der König ist gesonnen,
Vor Abend in Madrid noch einzutreffen.
Bereits versammelt sich der Hof. Hab ich
Die Gnade, Prinz –

CARLOS.
Schon gut. Ich werde folgen.

Domingo geht ab. Nach einem Stillschweigen.

Beweinenswerter Philipp, wie dein Sohn
Beweinenswert! – Schon seh ich deine Seele

Vom giftgen Schlangenbiß des Argwohns bluten,
Dein unglückselger Vorwitz übereilt
Die fürchterlichste der Entdeckungen,
Und rasen wirst du, wenn du sie gemacht.

Zweiter Auftritt

Carlos. Marquis von Posa.

CARLOS.
Wer kommt? – Was seh ich? O ihr guten Geister!
Mein Roderich!

MARQUIS.
Mein Carlos!

CARLOS.
Ist es möglich?
Ists wahr? Ists wirklich? Bist dus? – O, du bists!
Ich drück an meine Seele dich, ich fühle
Die deinige allmächtig an mir schlagen.
O, jetzt ist alles wieder gut. In dieser
Umarmung heilt mein krankes Herz. Ich liege
Am Halse meines Roderich.

MARQUIS.
Ihr krankes,
Ihr krankes Herz? Und was ist wieder gut?
Was ists, das wieder gut zu werden brauchte?
Sie hören, was mich stutzen macht.

CARLOS.
Und was
Bringt dich so unverhofft aus Brüssel wieder?
Wem dank ich diese Überraschung? Wem?
Ich frage noch? Verzeih dem Freudetrunknen,
Erhabne Vorsicht, diese Lästerung!
Wem sonst als dir, Allgütigste? Du wußtest,
Daß Carlos ohne Engel war, du sandtest
Mir diesen, und ich frage noch?

MARQUIS.
Vergebung,
Mein teurer Prinz, wenn ich dies stürmische
Entzücken mit Bestürzung nur erwidre.
So war es nicht, wie ich Don Philipps Sohn
Erwartete. Ein unnatürlich Rot
Entzündet sich auf Ihren blassen Wangen,
Und Ihre Lippen zittern fieberhaft.
Was muß ich glauben, teurer Prinz? – Das ist
Der löwenkühne Jüngling nicht, zu dem
Ein unterdrücktes Heldenvolk mich sendet –
Denn jetzt steh ich als Roderich nicht hier,
Nicht als des Knaben Carlos Spielgeselle –
Ein Abgeordneter der ganzen Menschheit
Umarm ich Sie – es sind die flandrischen
Provinzen, die an Ihrem Halse weinen,
Und feierlich um Rettung Sie bestürmen,
Getan ists um Ihr teures Land, wenn Alba,
Des Fanatismus rauher Henkersknecht,
Vor Brüssel rückt mit spanischen Gesetzen.
Auf Kaiser Karls glorwürdgem Enkel ruht
Die letzte Hoffnung dieser edeln Lande.
Sie stürzt dahin, wenn sein erhabnes Herz
Vergessen hat, für Menschlichkeit zu schlagen.

CARLOS.
Sie stürzt dahin.

MARQUIS.
Weh mir! Was muß ich hören!

CARLOS.
Du sprichst von Zeiten, die vergangen sind.
Auch mir hat einst von einem Karl geträumt,
Dems feurig durch die Wangen lief, wenn man
Von Freiheit sprach – doch der ist lang begraben.
Den du hier siehst, das ist der Karl nicht mehr,
Der in Alkala von dir Abschied nahm,
Der sich vermaß in süßer Trunkenheit,
Der Schöpfer eines neuen goldnen Alters

In Spanien zu werden – O, der Einfall
War kindisch, aber göttlich schön! Vorbei
Sind diese Träume. –

MARQUIS.

Träume, Prinz? – So wären
Es Träume nur gewesen?

CARLOS.

Laß mich weinen,
An deinem Herzen heiße Tränen weinen,
Du einzger Freund. Ich habe niemand – niemand –
Auf dieser großen, weiten Erde niemand.
So weit das Zepter meines Vaters reicht,
So weit die Schiffahrt unsre Flaggen sendet,
Ist keine Stelle – keine – keine, wo
Ich meiner Tränen mich entlasten darf,
Als diese. O, bei allem, Roderich,
Was du und ich dereinst im Himmel hoffen,
Verjage mich von dieser Stelle nicht.

Marquis neigt sich über ihn in sprachloser Rührung.

CARLOS.

Berede dich, ich wär ein Waisenkind,
Das du am Thron mitleidig aufgelesen.
Ich weiß ja nicht, was Vater heißt – ich bin
Ein Königssohn – O, wenn es eintrifft, was
Mein Herz mir sagt, wenn du aus Millionen
Herausgefunden bist, mich zu verstehn,
Wenns wahr ist, daß die schaffende Natur
Den Roderich im Carlos wiederholte,
Und unsrer Seelen zartes Saitenspiel
Am Morgen unsres Lebens gleich bezog,
Wenn eine Träne, die mir Lindrung gibt,
Dir teurer ist als meines Vaters Gnade –

MARQUIS.

O teurer als die ganze Welt.

CARLOS.

So tief

Bin ich gefallen – bin so arm geworden,
Daß ich an unsre frühen Kinderjahre
Dich mahnen muß – daß ich dich bitten muß,
Die lang vergeßnen Schulden abzutragen,
Die du noch im Matrosenkleide machtest –
Als du und ich, zween Knaben wilder Art,
So brüderlich zusammen aufgewachsen,
Kein Schmerz mich drückte, als von deinem Geiste
So sehr verdunkelt mich zu sehn – ich endlich
Mich kühn entschloß, dich grenzenlos zu lieben,
Weil mich der Mut verließ, dir gleich zu sein.
Da fing ich an, mit tausend Zärtlichkeiten
Und treuer Bruderliebe dich zu quälen;
Du stolzes Herz gabst sie mir kalt zurück.
Oft stand ich da, und – doch das sahst du nie!
und heiße, schwere Tränentropfen hingen
In meinem Aug, wenn du, mich überhüpfend,
Geringre Kinder in die Arme drücktest.
Warum nur diese? rief ich trauernd aus:
Bin ich dir nicht auch herzlich gut? – Du aber,
Du knietest kalt und ernsthaft vor mir nieder:
Das, sagtest du, gebührt dem Königssohn.

MARQUIS.
O stille, Prinz, von diesen kindischen
Geschichten, die mich jetzt noch schamrot machen.

CARLOS.
Ich hatt es nicht um dich verdient. Verschmähen,
Zerreißen konntest du mein Herz, doch nie
Von dir entfernen. Dreimal wiesest du
Den Fürsten von dir, dreimal kam er wieder
Als Bittender, um Liebe dich zu flehn
Und dir gewaltsam Liebe aufzudringen.
Ein Zufall tat, was Carlos nie gekonnt.
Einmal geschahs bei unsern Spielen, daß
Der Königin von Böhmen, meiner Tante,
Dein Federball ins Auge flog. Sie glaubte,
Daß es mit Vorbedacht geschehn, und klagt' es

Dem Könige mit tränendem Gesicht.
Die ganze Jugend des Palastes muß
Erscheinen, ihm den Schuldigen zu nennen.
Der König schwört, die hinterlistge Tat,
Und wär es auch an seinem eignen Kinde,
Aufs schrecklichste zu ahnden. – Damals sah ich
Dich zitternd in der Ferne stehn, und jetzt,
Jetzt trat ich vor und warf mich zu den Füßen
Des Königs. Ich, ich tat es, rief ich aus:
An deinem Sohn erfülle deine Rache.

MARQUIS.
Ach, woran mahnen Sie mich, Prinz!

CARLOS.
Sie wards!
Im Angesicht des ganzen Hofgesindes,
Das mitleidsvoll im Kreise stand, ward sie
Auf Sklavenart an deinem Karl vollzogen.
Ich sah auf dich und weinte nicht. Der Schmerz
Schlug meine Zähne knirschend aneinander;
Ich weinte nicht. Mein königliches Blut
Floß schändlich unter unbarmherzgen Streichen;
Ich sah auf dich und weinte nicht – Du kamst;
Laut weinend sankst du mir zu Füßen. Ja,
Ja, riefst du aus, mein Stolz ist überwunden.
Ich will bezahlen, wenn du König bist.
MARQUIS *reicht ihm die Hand.*
Ich will es, Karl. Das kindische Gelübde
Erneur ich jetzt als Mann. Ich will bezahlen.
Auch meine Stunde schlägt vielleicht.

CARLOS.
Jetzt, jetzt –
O, zögre nicht – jetzt hat sie ja geschlagen.
Die Zeit ist da, wo du es lösen kannst.
Ich brauche Liebe. – Ein entsetzliches
Geheimnis brennt auf meiner Brust. Es soll,
Es soll heraus. In deinen blassen Mienen
Will ich das Urteil meines Todes lesen.

Hör an – erstarre – doch erwidre nichts –
Ich liebe meine Mutter.

MARQUIS.
O mein Gott!

CARLOS.
Nein! Diese Schonung will ich nicht. Sprichs aus,
Sprich, daß auf diesem großen Rund der Erde
Kein Elend an das meine grenze – sprich –
Was du mir sagen kannst, errat ich schon.
Der Sohn liebt seine Mutter. Weltgebräuche,
Die Ordnung der Natur und Roms Gesetze
Verdammen diese Leidenschaft. Mein Anspruch
Stößt fürchterlich auf meines Vaters Rechte.
Ich fühls, und dennoch lieb ich. Dieser Weg
Führt nur zum Wahnsinn oder Blutgerüste.
Ich liebe ohne Hoffnung – lasterhaft –
Mit Todesangst und mit Gefahr des Lebens –
Das seh ich ja, und dennoch lieb ich.

MARQUIS.
Weiß
Die Königin um diese Neigung?

CARLOS.
Konnt ich
Mich ihr entdecken? Sie ist Philipps Frau
Und Königin, und das ist span'scher Boden.
Von meines Vaters Eifersucht bewacht,
Von Etikette ringsum eingeschlossen,
Wie konnt ich ohne Zeugen mich ihr nahn?
Acht höllenbange Monde sind es schon,
Daß von der hohen Schule mich der König
Zurückberief, daß ich sie täglich anzuschauen
Verurteilt bin und, wie das Grab, zu schweigen.
Acht höllenbange Monde, Roderich,
Daß dieses Feur in meinem Busen wütet,
Daß tausendmal sich das entsetzliche
Geständnis schon auf meinen Lippen meldet,

Doch scheu und feig zurück zum Herzen kriecht.
O Roderich – nur wen'ge Augenblicke
Allein mit ihr –

MARQUIS.

Ach! Und Ihr Vater, Prinz –

CARLOS.

Unglücklicher! Warum an den mich mahnen?
Sprich mir von allen Schrecken des Gewissens,
Von meinem Vater sprich mir nicht.

MARQUIS.

Sie hassen Ihren Vater?

CARLOS.

Nein! Ach, nein!
Ich hasse meinen Vater nicht – doch Schauer
Und Missetäters Bangigkeit ergreifen
Bei diesem fürchterlichen Namen mich.
Kann ich dafür, wenn eine knechtische
Erziehung schon in meinem jungen Herzen
Der Liebe zarten Keim zertrat? Sechs Jahre
Hatt ich gelebt, als mir zum erstenmal
Der Fürchterliche, der, wie sie mir sagten,
Mein Vater war, vor Augen kam. Es war
An einem Morgen, wo er stehnden Fußes
Vier Bluturteile unterschrieb. Nach diesem
Sah ich ihn nur, wenn mir für ein Vergehn
Bestrafung angekündigt ward. – O Gott!
Hier fühl ich, daß ich bitter werde – Weg –
Weg, weg von dieser Stelle!

MARQUIS.

Nein, Sie sollen,
Jetzt sollen Sie sich öffnen, Prinz. In Worten
Erleichtert sich der schwer beladne Busen.

CARLOS.

Oft hab ich mit mir selbst gerungen, oft
Um Mitternacht, wenn meine Wachen schliefen,
Mit heißen Tränengüssen vor das Bild

Der Hochgebenedeiten mich geworfen,
Sie um ein kindlich Herz gefleht – doch ohne
Erhörung stand ich auf. Ach, Roderich!
Enthülle du dies wunderbare Rätsel
Der Vorsicht mir – Warum von tausend Vätern
Just eben diesen Vater mir? Und ihm
Just diesen Sohn von tausend bessern Söhnen?
Zwei unverträglichere Gegenteile
Fand die Natur in ihrem Umkreis nicht.
Wie mochte sie die beiden letzten Enden
Des menschlichen Geschlechtes – mich und ihn –
Durch ein so heilig Band zusammenzwingen?
Furchtbares Los! Warum mußt es geschehn?
Warum zwei Menschen, die sich ewig meiden,
In einem Wunsche schrecklich sich begegnen?
Hier, Roderich, siehst du zwei feindliche
Gestirne, die im ganzen Lauf der Zeiten
Ein einzig Mal in scheitelrechter Bahn
Zerschmetternd sich berühren, dann auf immer
Und ewig auseinanderfliehn.

MARQUIS.
Mir ahndet
Ein unglücksvoller Augenblick.

CARLOS.
Mir selbst.
Wie Furien des Abgrunds folgen mir
Die schauerlichsten Träume. Zweifelnd ringt
Mein guter Geist mit gräßlichen Entwürfen;
Durch labyrinthische Sophismen kriecht
Mein unglückselger Scharfsinn, bis er endlich
Vor eines Abgrunds gähem Rande stutzt –
O Roderich, wenn ich den Vater je
In ihm verlernte – Roderich – ich sehe,
Dein totenblasser Blick hat mich verstanden –
Wenn ich den Vater je in ihm verlernte,
Was würde mir der König sein?

MARQUIS *nach einigem Stillschweigen.*
Darf ich
An meinen Carlos eine Bitte wagen?
Was Sie auch willens sind zu tun, versprechen Sie,
Nichts ohne Ihren Freund zu unternehmen.
Versprechen Sie mir dieses?

CARLOS.
Alles, alles,
Was deine Liebe mir gebeut. Ich werfe
Mich ganz in deine Arme.

MARQUIS.
Wie man sagt,
Will der Monarch zur Stadt zurückekehren.
Die Zeit ist kurz. Wenn Sie die Königin
Geheim zu sprechen wünschen, kann es nirgends
Als in Aranjuez geschehn. Die Stille
Des Orts – des Landes ungezwungne Sitte
Begünstigen –

CARLOS.
Das war auch meine Hoffnung.
Doch, ach, sie war vergebens!

MARQUIS.
Nicht so ganz.
Ich gehe, mich sogleich ihr vorzustellen.
Ist sie in Spanien dieselbe noch,
Die sie vordem an Heinrichs Hof gewesen,
So find ich Offenherzigkeit. Kann ich
In ihren Blicken Carlos' Hoffnung lesen,
Find ich zu dieser Unterredung sie
Gestimmt – sind ihre Damen zu entfernen –

CARLOS.
Die meisten sind mir zugetan. – Besonders
Die Mondekar hab ich durch ihren Sohn,
Der mir als Page dient, gewonnen. –

MARQUIS.
Desto besser.

So sind Sie in der Nähe, Prinz, sogleich
Auf mein gegebnes Zeichen zu erscheinen.

CARLOS.
Das will ich – will ich – also eile nur.

MARQUIS.
Ich will nun keinen Augenblick verlieren.
Dort also, Prinz, auf Wiedersehn!

Beide gehen ab zu verschiedenen Seiten.

Die Hofhaltung der Königin in Aranjuez.
Eine einfache ländliche Gegend, von einer Allee durchschnitten, vom
Landhause der Königin begrenzt.

Dritter Auftritt

*Die Königin. Die Herzogin von Olivarez. Die Prinzessin von Eboli
und die Marquisin von Mondekar, welche die Allee heraufkommen.*

KÖNIGIN *zur Marquisin.*
Sie will ich um mich haben, Mondekar.
Die muntern Augen der Prinzessin quälen
Mich schon den ganzen Morgen. Sehen Sie,
Kaum weiß sie ihre Freude zu verbergen,
Weil sie vom Lande Abschied nimmt.

EBOLI.
Ich will es
Nicht leugnen, meine Königin, daß ich
Madrid mit großen Freuden wiedersehe.

MONDEKAR.
Und Ihre Majestät nicht auch? Sie sollten
So ungern von Aranjuez sich trennen?

KÖNIGIN.
Von – dieser schönen Gegend wenigstens.
Hier bin ich wie in meiner Welt. Dies Plätzchen
Hab ich mir längst zum Liebling auserlesen.
Hier grüßt mich meine ländliche Natur,
Die Busenfreundin meiner jungen Jahre.

Hier find ich meine Kinderspiele wieder,
Und meines Frankreichs Lüfte wehen hier.
Verargen Sie mirs nicht. Uns alle zieht
Das Herz zum Vaterland.

EBOLI.
Wie einsam aber,
Wie tot und traurig ist es hier! Man glaubt
Sich in la Trappe.

KÖNIGIN.
Das Gegenteil vielmehr.
Tot find ich es nur in Madrid. – Doch was
Spricht unsre Herzogin dazu?

OLIVAREZ.
Ich bin
Der Meinung, Ihre Majestät, daß es
So Sitte war, den einen Monat hier,
Den andern in dem Pardo auszuhalten,
Den Winter in der Residenz, solange
Es Könige in Spanien gegeben.

KÖNIGIN.
Ja, Herzogin, das wissen Sie, mit Ihnen
Hab ich auf immer mich des Streits begeben.

MONDEKAR.
Und wie lebendig es mit nächstem in
Madrid sein wird! Zu einem Stiergefechte
Wird schon die Plaza Mayor zugerichtet,
Und ein Autodafé hat man uns auch
Versprochen –

KÖNIGIN.
Uns versprochen! Hör ich das
Von meiner sanften Mondekar?

MONDEKAR.
Warum nicht?
Es sind ja Ketzer, die man brennen sieht.

KÖNIGIN.
Ich hoffe, meine Eboli denkt anders.

EBOLI.
Ich? – Ihre Majestät, ich bitte sehr,
Für keine schlechtre Christin mich zu halten
Als die Marquisin Mondekar.

KÖNIGIN.
Ach! Ich
Vergesse, wo ich bin. – Zu etwas anderm. –
Vom Lande, glaub ich, sprachen wir. Der Monat
Ist, deucht mir, auch erstaunlich schnell vorüber.
Ich habe mir der Freude viel, sehr viel
Von diesem Aufenthalt versprochen, und
Ich habe nicht gefunden, was ich hoffte.
Geht es mit jeder Hoffnung so? Ich kann
Den Wunsch nicht finden, der mir fehlgeschlagen.

OLIVAREZ.
Prinzessin Eboli, Sie haben uns
Noch nicht gesagt, ob Gomez hoffen darf?
Ob wir Sie bald als seine Braut begrüßen?

KÖNIGIN.
Ja! Gut, daß Sie mich mahnen, Herzogin.

Zur Prinzessin.

Man bittet mich, bei Ihnen fürzusprechen.
Wie aber kann ich das? Der Mann, den ich
Mit meiner Eboli belohne, muß
Ein würdger Mann sein.

OLIVAREZ.
Ihre Majestät,
Das ist er, ein sehr würdger Mann, ein Mann,
Den unser gnädigster Monarch bekanntlich
Mit ihrer königlichen Gunst beehren.

KÖNIGIN.
Das wird den Mann sehr glücklich machen – Doch
Wir wollen wissen, ob er lieben kann

Und Liebe kann verdienen. – Eboli,
Das frag ich Sie.

EBOLI *steht stumm und verwirrt, die Augen zur Erde geschlagen,*
endlich fällt sie der Königin zu Füßen.
Großmütige Königin,
Erbarmen Sie sich meiner. Lassen Sie –
Um Gottes willen, lassen Sie mich nicht –
Nicht aufgeopfert werden.

KÖNIGIN.
Aufgeopfert?
Ich brauche nichts mehr. Stehn Sie auf. Es ist
Ein hartes Schicksal, aufgeopfert werden.
Ich glaube Ihnen. Stehn Sie auf. – Ist es
Schon lang, daß Sie den Grafen ausgeschlagen?

EBOLI *aufstehend.*
O viele Monate. Prinz Carlos war
Noch auf der hohen Schule.

KÖNIGIN *stutzt und sieht sie mit forschenden Augen an.*
Haben Sie
Sich auch geprüft, aus welchen Gründen?

EBOLI *mit einiger Heftigkeit.*
Niemals
Kann es geschehen, meine Königin,
Aus tausend Gründen niemals.

KÖNIGIN *sehr ernsthaft.*
Mehr als einer ist
Zu viel. Sie können ihn nicht schätzen – Das
Ist mir genug. Nichts mehr davon.

Zu den andern Damen.

Ich habe
Ja die Infantin heut noch nicht gesehen.
Marquisin, bringen Sie sie mir.

OLIVAREZ *sieht auf die Uhr.*
Es ist
Noch nicht die Stunde, Ihre Majestät.

KÖNIGIN.
Noch nicht die Stunde, wo ich Mutter sein darf?
Das ist doch schlimm. Vergessen Sie es ja nicht,
Mich innern, wenn sie kommt.

*Ein Page tritt auf und spricht leise mit der Oberhofmeisterin, welche
sich darauf zur Königin wendet.*

OLIVAREZ.
Der Marquis
Von Posa, Ihre Majestät –

KÖNIGIN.
Von Posa?

OLIVAREZ.
Er kommt aus Frankreich und den Niederlanden
Und wünscht die Gnade zu erhalten, Briefe
Von der Regentin Mutter übergeben
Zu dürfen.

KÖNIGIN.
Und das ist erlaubt?

OLIVAREZ *bedenklich.*
In meiner Vorschrift
Ist des besondern Falles nicht gedacht,
Wenn ein kastilianscher Grande Briefe
Von einem fremden Hof der Königin
Von Spanien in ihrem Gartenwäldchen
Zu überreichen kommt.

KÖNIGIN.
So will ich denn
Auf meine eigene Gefahr es wagen!

OLIVAREZ.
Doch mir vergönne Ihre Majestät,
Mich solang zu entfernen. –

KÖNIGIN.
Halten Sie
Das, wie Sie wollen, Herzogin.

Die Oberhofmeisterin geht ab, und die Königin gibt dem Pagen einen Wink, welcher sogleich hinausgeht.

Vierter Auftritt

Königin. Prinzessin von Eboli. Marquisin von Mondekar und Marquis von Posa.

KÖNIGIN.
Ich heiße Sie
Willkommen, Chevalier, auf span'schem Boden.

MARQUIS.
Den ich noch nie mit so gerechtem Stolze
Mein Vaterland genannt als jetzt. –

KÖNIGIN *zu den beiden Damen.*
Der Marquis
Von Posa, der im Ritterspiel zu Reims
Mit meinem Vater eine Lanze brach
Und meine Farbe dreimal siegen machte –
Der erste seiner Nation, der mich
Den Ruhm empfinden lehrte, Königin
Der Spanier zu sein.

Zum Marquis sich wendend.

Als wir im Louvre
Zum letztenmal uns sahen, Chevalier,
Da träumt' es Ihnen wohl noch nicht, daß Sie
Mein Gast sein würden in Kastilien.

MARQUIS.
Nein, große Königin – denn damals träumte
Mir nicht, daß Frankreich noch das einzige
An uns verlieren würde, was wir ihm
Beneidet hatten.

KÖNIGIN.
Stolzer Spanier!
Das einzige? – Und das zu einer Tochter
Vom Hause Valois?

MARQUIS.
Jetzt darf ich es
Ja sagen, Ihre Majestät – denn jetzt
Sind Sie ja unser.

KÖNIGIN.
Ihre Reise, hör ich,
Hat auch durch Frankreich Sie geführt. – Was bringen
Sie mir von meiner hochverehrten Mutter
Und meinen vielgeliebten Brüdern?

MARQUIS *überreicht ihr die Briefe.*
Die Königin-Mutter fand ich krank, geschieden
Von jeder andern Freude dieser Welt,
Als ihre königliche Tochter glücklich
Zu wissen auf dem span'schen Thron.

KÖNIGIN.
Muß sie
Es nicht sein bei dem teuern Angedenken
So zärtlicher Verwandten? bei der süßen
Erinnrung an – Sie haben viele Höfe
Besucht auf Ihren Reisen, Chevalier,
Und viele Länder, vieler Menschen Sitte
Gesehn – und jetzt, sagt man, sind Sie gesonnen,
In Ihrem Vaterland sich selbst zu leben?
Ein größrer Fürst in Ihren stillen Mauern,
Als König Philipp auf dem Thron – ein Freier!
Ein Philosoph! – Ich zweifle sehr, ob Sie
Sich werden können in Madrid gefallen.
Man ist sehr – ruhig in Madrid.

MARQUIS.
Und das
Ist mehr, als sich das ganze übrige
Europa zu erfreuen hat.

KÖNIGIN.
So hör ich.
Ich habe alle Händel dieser Erde
Bis fast auf die Erinnerung verlernt.

Zur Prinzessin von Eboli.

Mir deucht, Prinzessin Eboli, ich sehe
Dort eine Hyazinthe blühen – Wollen
Sie mir sie bringen?

*Die Prinzessin geht nach dem Platze. Die Königin etwas leiser zum
Marquis.*

Chevalier, ich müßte
Mich sehr betrügen, oder Ihre Ankunft
Hat einen frohen Menschen mehr gemacht
An diesem Hofe.

MARQUIS.
Einen Traurigen
Hab ich gefunden – den auf dieser Welt
Nur etwas fröhlich –

Die Prinzessin kommt mit der Blume zurück.

EBOLI.
Da der Chevalier
So viele Länder hat gesehen, wird
Er ohne Zweifel viel Merkwürdiges
Uns zu erzählen wissen.

MARQUIS.
Allerdings.
Und Abenteuer suchen, ist bekanntlich
Der Ritter Pflicht – die heiligste von allen,
Die Damen zu beschützen.

MONDEKAR.
Gegen Riesen!
Jetzt gibt es keine Riesen mehr.

MARQUIS.
Gewalt
Ist für den Schwachen jederzeit ein Riese.

KÖNIGIN.
Der Chevalier hat recht. Es gibt noch Riesen,
Doch keine Ritter gibt es mehr.

MARQUIS.
Noch jüngst,
Auf meinem Rückweg von Neapel, war
Ich Zeuge einer rührenden Geschichte,
Die mir der Freundschaft heiliges Legat
Zu meiner eigenen gemacht. – Wenn ich
Nicht fürchten müßte, Ihre Majestät
Durch die Erzählung zu ermüden

KÖNIGIN.
Bleibt
Mir eine Wahl? Die Neugier der Prinzessin
Läßt sich nichts unterschlagen. Nur zur Sache.
Auch ich bin eine Freundin von Geschichten.

MARQUIS.
Zwei edle Häuser in Mirandola,
Der Eifersucht, der langen Feindschaft müde,
Die von den Ghibellinen und den Guelfen
Jahrhunderte schon fortgeerbt, beschlossen,
Durch der Verwandtschaft zarte Bande sich
In einem ewgen Frieden zu vereinen.
Des mächtigen Pietro Schwestersohn,
Fernando, und die göttliche Mathilde,
Colonnas Tochter, waren ausersehn,
Dies schöne Band der Einigkeit zu knüpfen.
Nie hat zwei schönre Herzen die Natur
Gebildet für einander – nie die Welt,
Nie eine Wahl so glücklich noch gepriesen.
Noch hatte seine liebenswürdge Braut
Fernando nur im Bildnis angebetet –
Wie zitterte Fernando, wahr zu finden,
Was seine feurigsten Erwartungen
Dem Bilde nicht zu glauben sich getrauten!
In Padua, wo seine Studien
Ihn fesselten, erwartete Fernando
Des frohen Augenblickes nur, der ihm
Vergönnen sollte, zu Mathildens Füßen
Der Liebe erste Huldigung zu stammeln.

Die Königin wird aufmerksamer. Der Marquis fährt nach einem kurzen Stillschweigen fort, die Erzählung, soweit es die Gegenwart der Königin erlaubt, mehr an die Prinzessin von Eboli gerichtet.

Indessen macht der Gattin Tod die Hand
Pietros frei. – Mit jugendlicher Glut
Verschlingt der Greis die Stimmen des Gerüchtes,
Das in dem Ruhm Mathildens sich ergoß.
Er kommt! Er sieht! – Er liebt! Die neue Regung
Erstickt die leisre Stimme der Natur,
Der Oheim wirbt um seines Neffen Braut
Und heiligt seinen Raub vor dem Altare.

KÖNIGIN.
Und was beschließt Fernando?

MARQUIS.
Auf der Liebe Flügeln,
Des fürchterlichen Wechsels unbewußt,
Eilt nach Mirandola der Trunkene.
Mit Sternenschein erreicht sein schnelles Roß
Die Tore – ein bacchantisches Getön
Von Reigen und von Pauken donnert ihm
Aus dem erleuchteten Palast entgegen.
Er bebt die Stufen scheu hinauf und sieht
Sich unerkannt im lauten Hochzeitsaale,
Wo in der Gäste taumelndem Gelag
Pietro saß – ein Engel ihm zur Seite,
Ein Engel, den Fernando kennt, der ihm
In Träumen selbst so glänzend nie erschienen.
Ein einzger Blick zeigt ihm, was er besessen,
Zeigt ihm, was er auf immerdar verloren.

EBOLI.
Unglücklicher Fernando!

KÖNIGIN.
Die Geschichte
Ist doch zu Ende, Chevalier? – Sie muß
Zu Ende sein.

MARQUIS.
Noch nicht ganz.

KÖNIGIN.
Sagten Sie
Uns nicht, Fernando sei Ihr Freund gewesen?

MARQUIS.
Ich habe keinen teurern.

EBOLI.
Fahren Sie
Doch fort in der Geschichte, Chevalier.

MARQUIS.
Sie wird sehr traurig – und das Angedenken
Erneuert meinen Schmerz. Erlassen Sie
Mir den Beschluß –

Ein allgemeines Stillschweigen.

KÖNIGIN *wendet sich zur Prinzessin von Eboli.*
Nun wird mir endlich doch
Vergönnt sein, meine Tochter zu umarmen. –
Prinzessin, bringen Sie sie mir.

*Diese entfernt sich. Der Marquis winkt einem Pagen, der sich im
Hintergrunde zeigt und sogleich verschwindet. Die Königin erbricht
die Briefe, die der Marquis ihr gegeben, und scheint überrascht zu
werden. In dieser Zeit spricht der Marquis geheim und sehr
angelegentlich mit der Marquisin von Mondekar. – Die Königin hat
die Briefe gelesen und wendet sich mit einem ausforschenden Blicke
zum Marquis.*

Sie haben
Uns von Mathilden nichts gesagt? Vielleicht
Weiß sie es nicht, wieviel Fernando leidet?

MARQUIS.
Mathildens Herz hat niemand noch ergründet –
Doch große Seelen dulden still.

KÖNIGIN.
Sie sehn sich um? Wen suchen Ihre Augen?

MARQUIS.
Ich denke nach, wie glücklich ein Gewisser,
Den ich nicht nennen darf, an meinem Platze
Sein müßte.

KÖNIGIN.
Wessen Schuld ist es, daß er
Es nicht ist?

MARQUIS *lebhaft einfallend.*
Wie? Darf ich mich unterstehen,
Dies zu erklären, wie ich will? – Er würde
Vergebung finden, wenn er jetzt erschiene?

KÖNIGIN *erschrocken.*
Jetzt, Marquis? Jetzt? Was meinen Sie damit?

MARQUIS.
Er dürfte hoffen – dürft er?

KÖNIGIN *mit wachsender Verwirrung.*
Sie erschrecken mich,
Marquis – er wird doch nicht –

MARQUIS.
Hier ist er schon.

Fünfter Auftritt

Die Königin. Carlos.
Marquis von Posa und die Marquisin von Mondekar treten nach dem
Hintergrunde zurück.

CARLOS *vor der Königin niedergeworfen.*
So ist er endlich da, der Augenblick,
Und Karl darf diese teure Hand berühren! –

KÖNIGIN.
Was für ein Schritt – welch eine strafbare,
Tollkühne Überraschung! Stehn Sie auf!
Wir sind entdeckt. Mein Hof ist in der Nähe.

CARLOS.
Ich steh nicht auf – hier will ich ewig knien.

Auf diesem Platz will ich verzaubert liegen,
In dieser Stellung angewurzelt –

KÖNIGIN.
Rasender!
Zu welcher Kühnheit führt Sie meine Gnade?
Wie? Wissen Sie, daß es die Königin,
Daß es die Mutter ist, an die sich diese
Verwegne Sprache richtet? Wissen Sie,
Daß ich – ich selbst von diesem Überfalle
Dem Könige –

CARLOS.
Und daß ich sterben muß!
Man reiße mich von hier aufs Blutgerüste!
Ein Augenblick, gelebt im Paradiese,
Wird nicht zu teuer mit dem Tod gebüßt.

KÖNIGIN.
Und Ihre Königin?

CARLOS *steht auf.*
Gott, Gott! ich gehe –
Ich will Sie ja verlassen. – Muß ich nicht,
Wenn Sie es also fordern? Mutter! Mutter!
Wie schrecklich spielen Sie mit mir! Ein Wink,
Ein halber Blick, ein Laut aus ihrem Munde
Gebietet mir, zu sein und zu vergehen.
Was wollen Sie, das noch geschehen soll?
Was unter dieser Sonne kann es geben,
Das ich nicht hinzuopfern eilen will,
Wenn Sie es wünschen?

KÖNIGIN.
Fliehen Sie.

CARLOS.
O Gott!

KÖNIGIN.
Das Einzge, Karl, warum ich Sie mit Tränen
Beschwöre – Fliehen Sie! – eh meine Damen –

Eh meine Kerkermeister Sie und mich
Beisammen finden und die große Zeitung
Vor Ihres Vaters Ohren bringen –

CARLOS.
Ich erwarte
Mein Schicksal – es sei Leben oder Tod.
Wie? Hab ich darum meine Hoffnungen
Auf diesen einzgen Augenblick verwiesen,
Der Sie mir endlich ohne Zeugen schenkt,
Daß falsche Schrecken mich am Ziele täuschten?
Nein, Königin! Die Welt kann hundertmal,
Kann tausendmal um ihre Pole treiben,
Eh diese Gunst der Zufall wiederholt.

KÖNIGIN.
Auch soll er das in Ewigkeit nicht wieder.
Unglücklicher! Was wollen Sie von mir?

CARLOS.
O Königin, daß ich gerungen habe,
Gerungen, wie kein Sterblicher noch rang,
Ist Gott mein Zeuge – Königin, umsonst!
Hin ist mein Heldenmut. Ich unterliege.

KÖNIGIN.
Nichts mehr davon – um meiner Ruhe willen –

CARLOS.
Sie waren mein – im Angesicht der Welt
Mir zugesprochen von zwei großen Thronen,
Mir zuerkannt von Himmel und Natur,
Und Philipp, Philipp hat mir sie geraubt –

KÖNIGIN.
Er ist Ihr Vater.

CARLOS.
Ihr Gemahl.

KÖNIGIN.
Der Ihnen
Das größte Reich der Welt zum Erbe gibt.

CARLOS.
Und Sie zur Mutter –

KÖNIGIN.
Großer Gott! Sie rasen –

CARLOS.
Und weiß er auch, wie reich er ist? Hat er
Ein fühlend Herz, das Ihrige zu schätzen?
Ich will nicht klagen, nein, ich will vergessen,
Wie unaussprechlich glücklich ich an Ihrer Hand
Geworden wäre – wenn nur er es ist.
Er ist es nicht – Das, das ist Höllenqual!
Er ist es nicht und wird es niemals werden.
Du nahmst mir meinen Himmel nur, um ihn
In König Philipps Armen zu vertilgen.

KÖNIGIN.
Abscheulicher Gedanke!

CARLOS.
O, ich weiß,
Wer dieser Ehe Stifter war – ich weiß,
Wie Philipp lieben kann und wie er freite.
Wer sind Sie denn in diesem Reich? Laß hören.
Regentin etwa? Nimmermehr! Wie könnten,
Wo Sie Regentin sind, die Alba würgen?
Wie könnte Flandern für den Glauben bluten?
Wie, oder sind Sie Philipps Frau? Unmöglich!
Ich kanns nicht glauben. Eine Frau besitzt
Des Mannes Herz – und wem gehört das seine?
Und bittet er nicht jede Zärtlichkeit,
Die ihm vielleicht in Fieberglut entwischte,
Dem Zepter ab und seinen grauen Haaren?

KÖNIGIN.
Wer sagte Ihnen, daß an Philipps Seite
Mein Los beweinenswürdig sei?

CARLOS.
Mein Herz,
Das feurig fühlt, wie es an meiner Seite

Beneidenswürdig wäre.

KÖNIGIN.
Eitler Mann!
Wenn mein Herz nun das Gegenteil mir sagte?
Wenn Philipps ehrerbietge Zärtlichkeit
Weit inniger als seines stolzen Sohns
Verwegene Beredsamkeit mich rührte?
Wenn eines Greisen überlegte Achtung –

CARLOS.
Das ist was andres – Dann – ja, dann – Vergebung.
Das wußt ich nicht, daß Sie den König lieben.

KÖNIGIN.
Ihn ehren ist mein Wunsch und mein Vergnügen.

CARLOS.
Sie haben nie geliebt?

KÖNIGIN.
Seltsame Frage!

CARLOS.
Sie haben nie geliebt?

KÖNIGIN.
– Ich liebe nicht mehr.

CARLOS.
Weil es Ihr Herz, weil es Ihr Eid verbietet?

KÖNIGIN.
Verlassen Sie mich, Prinz, und kommen Sie
Zu keiner solchen Unterredung wieder.

CARLOS.
Weil es Ihr Eid, weil es Ihr Herz verbietet?

KÖNIGIN.
Weil meine Pflicht – – Unglücklicher, wozu
Die traurige Zergliederung des Schicksals,
Dem Sie und ich gehorchen müssen?

CARLOS.
Müssen?

Gehorchen müssen?

KÖNIGIN.
Wie? Was wollen Sie
Mit diesem feierlichen Ton?

CARLOS.
So viel,
Daß Carlos nicht gesonnen ist, zu müssen,
Wo er zu wollen hat; daß Carlos nicht
Gesonnen ist, der Unglückseligste
In diesem Reich zu bleiben, wenn es ihn
Nichts als den Umsturz der Gesetze kostet,
Der Glücklichste zu sein.

KÖNIGIN.
Versteh ich Sie?
Sie hoffen noch? Sie wagen es, zu hoffen,
Wo alles, alles schon verloren ist?

CARLOS.
Ich gebe nichts verloren als die Toten.

KÖNIGIN.
Auf mich, auf Ihre Mutter hoffen Sie? –

Sie sieht ihn lange und durchdringend an – dann mit Würde und Ernst.

Warum nicht? O, der neu erwählte König
Kann mehr als das – kann die Verordnungen
Des Abgeschiednen durch das Feur vertilgen,
Kann seine Bilder stürzen, kann sogar –
Wer hindert ihn? – die Mumie des Toten
Aus ihrer Ruhe zu Eskurial
Hervor ans Licht der Sonne reißen, seinen
Entweihten Staub in die vier Winde streun
Und dann zuletzt, um würdig zu vollenden –

CARLOS.
Um Gottes willen, reden Sie nicht aus.

KÖNIGIN.
Zuletzt noch mit der Mutter sich vermählen.

CARLOS.
Verfluchter Sohn!

Er steht einen Augenblick starr und sprachlos.

Ja, es ist aus. Jetzt ist
Es aus. – Ich fühle klar und helle, was
Mir ewig, ewig dunkel bleiben sollte.
Sie sind für mich dahin – dahin – dahin –
Auf immerdar! – Jetzt ist der Wurf gefallen.
Sie sind für mich verloren – O, in diesem
Gefühl liegt Hölle – Hölle liegt im andern,
Sie zu besitzen. – Weh! ich faß es nicht,
Und meine Nerven fangen an zu reißen.

KÖNIGIN.
Beklagenswerter, teurer Karl! Ich fühle –
Ganz fühl ich sie, die namenlose Pein,
Die jetzt in Ihrem Busen tobt. Unendlich,
Wie Ihre Liebe, ist Ihr Schmerz. Unendlich,
Wie er, ist auch der Ruhm, ihn zu besiegen.
Erringen Sie ihn, junger Held. Der Preis
Ist dieses hohen, starken Kämpfers wert,
Des Jünglings wert, durch dessen Herz die Tugend
So vieler königlichen Ahnen rollt.
Ermannen Sie sich, edler Prinz. – Der Enkel
Des großen Karls fängt frisch zu ringen an,
Wo andrer Menschen Kinder mutlos enden.

CARLOS.
Zu spät! O Gott! es ist zu spät!

KÖNIGIN.
Ein Mann
Zu sein? O Karl! wie groß wird unsre Tugend,
Wenn unser Herz bei ihrer Übung bricht!
Hoch stellte Sie die Vorsicht – höher, Prinz,
Als Millionen Ihrer andern Brüder.
Parteilich gab sie ihrem Liebling, was
Sie andern nahm, und Millionen fragen:
Verdiente der im Mutterleibe schon

Mehr als wir andern Sterblichen zu gelten?
Auf, retten Sie des Himmels Billigkeit!
Verdienen Sie, der Welt voranzugehn,
Und opfern Sie, was keiner opferte!

CARLOS.
Das kann ich auch. – Sie zu erkämpfen, hab
Ich Riesenkraft, Sie zu verlieren, keine.

KÖNIGIN.
Gestehen Sie es, Carlos – Trotz ist es
Und Bitterkeit und Stolz, was Ihre Wünsche
So heftig nach der Mutter zieht. Die Liebe,
Das Herz, das Sie verschwenderisch mir opfern,
Gehört den Reichen an, die Sie dereinst
Regieren sollen. Sehen Sie, Sie prassen
Von Ihres Mündels anvertrautem Gut.
Die Liebe ist Ihr großes Amt. Bis jetzt
Verirrte sie zur Mutter. – Bringen Sie,
O, bringen Sie sie Ihren künftgen Reichen
Und fühlen Sie, statt Dolchen des Gewissens,
Die Wollust, Gott zu sein. Elisabeth
War Ihre erste Liebe. Ihre zweite
Sei Spanien! Wie gerne, guter Karl,
Will ich der besseren Geliebten weichen!

CARLOS *wirft sich, von Empfindung überwältigt, zu ihren Füßen.*
Wie groß sind Sie, o Himmlische! – Ja, alles,
Was Sie verlangen, will ich tun. – Es sei!

Er steht auf.

Hier steh ich in der Allmacht Hand und schwöre,
Und schwöre Ihnen, schwöre ewiges –
O Himmel! Nein! Nur ewiges Verstummen,
Doch ewiges Vergessen nicht.

KÖNIGIN.
Wie könnt ich
Von Carlos fordern, was ich selbst zu leisten
Nicht willens bin?

MARQUIS *eilt aus der Allee.*
Der König!
KÖNIGIN.
Gott!
MARQUIS.
Hinweg,
Hinweg aus dieser Gegend, Prinz!
KÖNIGIN.
Sein Argwohn
Ist fürchterlich, erblickt er Sie –
CARLOS.
Ich bleibe!
KÖNIGIN.
Und wer wird dann das Opfer sein?
CARLOS *zieht den Marquis am Arme.*
Fort, fort!
Komm, Roderich!
Er geht und kommt noch einmal zurück.
Was darf ich mit mir nehmen?
KÖNIGIN.
Die Freundschaft Ihrer Mutter.
CARLOS.
Freundschaft! Mutter!
KÖNIGIN.
Und diese Tränen aus den Niederlanden.
Sie gibt ihm einige Briefe. Karl und der Marquis gehen ab. Die Königin sieht sich unruhig nach ihren Damen um, welche sich nirgends erblicken lassen. Wie sie nach dem Hintergrunde zurückgehen will, erscheint der König.

Sechster Auftritt

König. Königin. Herzog Alba. Graf Lerma. Domingo. Einige Damen und Granden, welche in der Entfernung zurückbleiben.

KÖNIG sieht mit Befremdung umher und schweigt eine Zeitlang.
Was seh ich! Sie hier! So allein, Madame?
Und auch nicht eine Dame zur Begleitung?
Das wundert mich – wo blieben Ihre Frauen?

KÖNIGIN.
Mein gnädigster Gemahl –

KÖNIG.
Warum allein?

Zum Gefolge.

Von diesem unverzeihlichen Versehn
Soll man die strengste Rechenschaft mir geben.
Wer hat das Hofamt bei der Königin?
Wen traf der Rang, sie heute zu bedienen?

KÖNIGIN.
O, zürnen Sie nicht, mein Gemahl – ich selbst,
Ich bin die Schuldige – auf mein Geheiß
Entfernte sich die Fürstin Eboli.

KÖNIG.
Auf Ihr Geheiß?

KÖNIGIN.
Die Kammerfrau zu rufen,
Weil ich nach der Infantin mich gesehnt.

KÖNIG.
Und darum die Begleitung weggeschickt?
Doch dies entschuldigt nur die erste Dame.
Wo war die zwote?

MONDEKAR *welche indessen zurückgekommen ist und sich unter die übrigen Damen gemischt hat, tritt hervor.*
Ihre Majestät,
Ich fühle, daß ich strafbar bin –

KÖNIG.
Deswegen
Vergönn ich Ihnen zehen Jahre Zeit,
Fern von Madrid darüber nachzudenken.
*Die Marquisin tritt mit weinenden Augen zurück. Allgemeines Still-
schweigen. Alle Umstehenden sehen bestürzt auf die Königin.*
KÖNIGIN.
Marquisin, wen beweinen Sie?
Zum König.

Hab ich
Gefehlt, mein gnädigster Gemahl, so sollte
Die Königskrone dieses Reichs, wornach
Ich selber nie gegriffen habe, mich
Zum mindesten vor dem Erröten schützen.
Gibts ein Gesetz in diesem Königreich,
Das vor Gericht Monarchentöchter fordert?
Bloß Zwang bewacht die Frauen Spaniens?
Schützt sie ein Zeuge mehr als ihre Tugend?
Und jetzt Vergebung, mein Gemahl – ich bin
Es nicht gewohnt, die mir mit Freude dienten,
In Tränen zu entlassen. – Mondekar!

Sie nimmt ihren Gürtel ab und überreicht ihn der Marquisin.

Den König haben Sie erzürnt – nicht mich –
Drum nehmen Sie dies Denkmal meiner Gnade
Und dieser Stunde. – Meiden Sie das Reich –
Sie haben nur in Spanien gesündigt;
In meinem Frankreich wischt man solche Tränen
Mit Freuden ab. – O, muß michs ewig mahnen?

Sie lehnt sich an die Oberhofmeisterin und bedeckt das Gesicht.

In meinem Frankreich wars doch anders.

KÖNIG *in einiger Bewegung.*
Konnte
Ein Vorwurf meiner Liebe Sie betrüben?
Ein Wort betrüben, das die zärtlichste
Bekümmernis auf meine Lippen legte?

Er wendet sich gegen die Grandezza.

Hier stehen die Vasallen meines Throns.
Sank je ein Schlaf auf meine Augenlider,
Ich hätte denn am Abend jedes Tags
Berechnet, wie die Herzen meiner Völker
In meinen fernsten Himmelsstrichen schlagen? –
Und sollt ich ängstlicher für meinen Thron
Als für die Gattin meines Herzensbeben? –
Für meine Völker haftet mir mein Schwert,
Dies Auge nur für meines Weibes Liebe.

KÖNIGIN.
Verdien ich diesen Argwohn, Sire?

KÖNIG.
Ich heiße
Der reichste Mann in der getauften Welt;
Die Sonne geht in meinem Staat nicht unter –
Doch alles das besaß ein andrer schon,
Wird nach mir mancher andre noch besitzen.
Das ist mein eigen. Was der König hat,
Gehört dem Glück – Elisabeth dem Philipp.
Hier ist die Stelle, wo ich sterblich bin.

KÖNIGIN.
Sie fürchten, Sire?

KÖNIG.
Dies graue Haar doch nicht?
Wenn ich einmal zu fürchten angefangen,
Hab ich zu fürchten aufgehört –

Zu den Granden.

Ich zähle
Die Großen meines Hofs – der erste fehlt.
Wo ist Don Carlos, mein Infant?

Niemand antwortet.

Der Knabe
Don Karl fängt an, mir fürchterlich zu werden.
Er meidet meine Gegenwart, seitdem

Er von Alkalas hoher Schule kam.
Sein Blut ist heiß, warum sein Blick so kalt?
So abgemessen festlich sein Betragen?
Seid wachsam. Ich empfehl es euch.

ALBA.
Ich bins.
Solang ein Herz an diesen Panzer schlägt,
Mag sich Don Philipp ruhig schlafen legen.
Wie Gottes Cherub vor dem Paradies
Steht Herzog Alba vor dem Thron.

LERMA.
Darf ich
Dem weisesten der Könige in Demut
Zu widersprechen wagen? – Allzu tief
Verehr ich meines Königs Majestät,
Als seinen Sohn so rasch und streng zu richten.
Ich fürchte viel von Carlos' heißem Blut,
Doch nichts von seinem Herzen.

KÖNIG.
Graf von Lerma,
Ihr redet gut, den Vater zu bestechen,
Des Königs Stütze wird der Herzog sein -
Nichts mehr davon –

Er wendet sich gegen sein Gefolge.

Jetzt eil ich nach Madrid.
Mich ruft mein königliches Amt. Die Pest
Der Ketzerei steckt meine Völker an,
Der Aufruhr wächst in meinen Niederlanden.
Es ist die höchste Zeit. Ein schauerndes
Exempel soll die Irrenden bekehren.
Den großen Eid, den alle Könige
Der Christenheit geloben, lös ich morgen.
Dies Blutgericht soll ohne Beispiel sein;
Mein ganzer Hof ist feierlich geladen.

Er führt die Königin hinweg, die übrigen folgen.

Siebenter Auftritt

Don Carlos mit Briefen in der Hand, Marquis von Posa kommen von der entgegengesetzten Seite.

CARLOS.
Ich bin entschlossen. Flandern sei gerettet.
Sie will es – das ist mir genug.

MARQUIS.
Auch ist
Kein Augenblick mehr zu verlieren. Herzog
Von Alba, sagt man, ist im Kabinett
Bereits zum Gouverneur ernannt.

CARLOS.
Gleich morgen
Verlang ich Audienz bei meinem Vater.
Ich fordre dieses Amt für mich. Es ist
Die erste Bitte, die ich an ihn wage.
Er kann sie mir nicht weigern. Lange schon
Sieht er mich ungern in Madrid. Welch ein
Willkommner Vorwand, mich entfernt zu halten!
Und – soll ich dirs gestehen, Roderich?
Ich hoffe mehr – Vielleicht gelingt es mir,
Von Angesicht zu Angesicht mit ihm
In seiner Gunst mich wiederherzustellen.
Er hat noch nie die Stimme der Natur
Gehört – laß mich versuchen, Roderich,
Was sie auf meinen Lippen wird vermögen!

MARQUIS.
Jetzt endlich hör ich meinen Carlos wieder.
Jetzt sind Sie wieder ganz Sie selbst.

Achter Auftritt

Vorige. Graf Lerma.

LERMA.
Soeben
Hat der Monarch Aranjuez verlassen.
Ich habe den Befehl –

CARLOS.
Schon gut, Graf Lerma,
Ich treffe mit dem König ein.

MARQUIS *macht Miene, sich zu entfernen. Mit einigem Zeremoniell.*
Sonst haben
Mir Eure Hoheit nichts mehr aufzutragen?

CARLOS.
Nichts, Chevalier. Ich wünsche Ihnen Glück
Zu Ihrer Ankunft in Madrid. Sie werden
Noch mehreres von Flandern mir erzählen.

Zu Lerma, welcher noch wartet.

Ich folge gleich.

Graf Lerma geht ab.

Neunter Auftritt

Don Carlos. Der Marquis.

CARLOS.
Ich habe dich verstanden.
Ich danke dir. Doch diesen Zwang entschuldigt
Nur eines Dritten Gegenwart. Sind wir
Nicht Brüder? – Dieses Possenspiel des Ranges
Sei künftighin aus unserm Bund verwiesen!
Berede dich, wir beide hätten uns
Auf einem Ball mit Masken eingefunden,
In Sklavenkleider du, und ich aus Laune
In einen Purpur eingemummt. Solange
Der Fasching währt, verehren wir die Lüge,
Der Rolle treu mit lächerlichem Ernst,

Den süßen Rausch des Haufens nicht zu stören.
Doch durch die Larve winkt dein Karl dir zu,
Du drückst mir im Vorrübergehn die Hände,
Und wir verstehen uns.

MARQUIS.
Der Traum ist göttlich.
Doch wird er nie verfliegen? Ist mein Karl
Auch seiner so gewiß, den Reizungen
Der unumschränkten Majestät zu trotzen?
Noch ist ein großer Tag zurück – ein Tag –
Wo dieser Heldensinn – ich will Sie mahnen –
In einer schweren Probe sinken wird.
Don Philipp stirbt. Karl erbt das größte Reich
Der Christenheit. – Ein ungeheurer Spalt
Reißt vom Geschlecht der Sterblichen ihn los,
Und Gott ist heut, wer gestern Mensch noch war.
Jetzt hat er keine Schwächen mehr. Die Pflichten
Der Ewigkeit verstummen ihm. Die Menschheit
– Noch heut ein großes Wort in seinem Ohr –
Verkauft sich selbst und kriecht um ihren Götzen.
Sein Mitgefühl löscht mit dem Leiden aus,
In Wollüsten ermattet seine Tugend,
Für seine Torheit schickt ihm Peru Gold,
Für seine Laster zieht sein Hof ihm Teufel.
Er schläft berauscht in diesem Himmel ein,
Den seine Sklaven listig um ihn schufen.
Lang, wie sein Traum, währt seine Gottheit. – Wehe
Dem Rasenden, der ihn mitleidig weckte.
Was aber würde Roderich? – Die Freundschaft
Ist wahr und kühn – die kranke Majestät
Hält ihren fürchterlichen Strahl nicht aus.
Den Trotz des Bürgers würden Sie nicht dulden,
Ich nicht den Stolz des Fürsten.

CARLOS.
Wahr und schrecklich
Ist dein Gemälde von Monarchen. Ja,
Ich glaube dir. – Doch nur die Wollust schloß

Dem Laster ihre Herzen auf. Ich bin
Noch rein, ein dreiundzwanzigjährger Jüngling.
Was vor mir Tausende gewissenlos
In schwelgenden Umarmungen verpraßten,
Des Geistes beste Hälfte, Männerkraft,
Hab ich dem künftgen Herrscher aufgehoben.
Was könnte dich aus meinem Herzen drängen,
Wenn es nicht Weiber tun?

MARQUIS.
Ich selbst. Könnt ich
So innig Sie noch lieben, Karl, wenn ich
Sie fürchten müßte?

CARLOS.
Das wird nie geschehen.
Bedarfst du meiner? Hast du Leidenschaften,
Die von dem Throne betteln? Reizt dich Gold?
Du bist ein reichrer Untertan, als ich
Ein König je sein werde. – Geizest du
Nach Ehre? Schon als Jüngling hattest du
Ihr Maß erschöpft – du hast sie ausgeschlagen.
Wer von uns wird der Gläubiger des andern,
Und wer der Schuldner sein? – Du schweigst? Du zitterst
Vor der Versuchung? Nicht gewisser bist
Du deiner selbst?

MARQUIS.
Wohlan. Ich weiche.
Hier meine Hand.

CARLOS.
Der Meinige?

MARQUIS.
Auf ewig
Und in des Worts verwegenster Bedeutung.

CARLOS.
So treu und warm, wie heute dem Infanten,
Auch dermaleinst dem König zugetan?

MARQUIS.
Das schwör ich Ihnen.

CARLOS.
Dann auch, wenn der Wurm
Der Schmeichelei mein unbewachtes Herz
Umklammerte – wenn dieses Auge Tränen
Verlernte, die es sonst geweint – dies Ohr
Dem Flehen sich verriegelte, willst du,
Ein schreckenloser Hüter meiner Tugend,
Mich kräftig fassen, meinen Genius
Bei seinem großen Namen rufen?

MARQUIS.
Ja.

CARLOS.
Und jetzt noch eine Bitte! Nenn mich du!
Ich habe deinesgleichen stets beneidet
Um dieses Vorrecht der Vertraulichkeit.
Dies brüderliche Du betrügt mein Ohr,
Mein Herz mit süßen Ahndungen von Gleichheit.
– Keinen Einwurf- Was du sagen willst, errat ich.
Dir ist es Kleinigkeit, ich weiß – doch mir,
Dem Königssohne, ist es viel. Willst du
Mein Bruder sein?

MARQUIS.
Dein Bruder!

CARLOS.
Jetzt zum König!
Ich fürchte nichts mehr – Arm in Arm mit dir,
So fordr ich mein Jahrhundert in die Schranken.

Sie gehen ab.

Zweiter Akt

Im königlichen Palast zu Madrid.

Erster Auftritt

König Philipp unter einem Thronhimmel. Herzog von Alba in einiger Entfernung von dem König, mit bedecktem Haupt. Carlos.

CARLOS.
Den Vortritt hat das Königreich. Sehr gerne
Steht Carlos dem Minister nach. Er spricht
Für Spanien – ich bin der Sohn des Hauses.
Er tritt mit einer Verbeugung zurück.

PHILIPP.
Der Herzog bleibt, und der Infant mag reden.

CARLOS *sich gegen Alba wendend.*
So muß ich denn von Ihrer Großmut, Herzog,
Den König mir als ein Geschenk erbitten.
Ein Kind – Sie wissen ja – kann mancherlei
An seinen Vater auf dem Herzen tragen,
Das nicht für einen Dritten taugt. Der König
Soll Ihnen unbenommen sein – ich will
Den Vater nur für diese kurze Stunde.

PHILIPP.
Hier steht sein Freund.

CARLOS.
Hab ich es auch verdient,
Den meinigen im Herzog zu vermuten?

PHILIPP.
Auch je verdienen mögen? – Mir gefallen
Die Söhne nicht, die beßre Wahlen treffen
Als ihre Väter.

CARLOS.
Kann der Ritterstolz
Des Herzogs Alba diesen Auftritt hören?

So wahr ich lebe, den Zudringlichen,
Der zwischen Sohn und Vater, unberufen
Sich einzudrängen nicht errötet, der
In seines Nichts durchbohrendem Gefühle
So dazustehen sich verdammt, möcht ich
Bei Gott – und gälts ein Diadem – nicht spielen.

PHILIPP *verläßt seinen Sitz mit einem zornigen Blick auf den Prinzen.*
Entfernt Euch, Herzog!

Dieser geht nach der Haupttüre, durch welche Carlos gekommen war; der König winkt ihm nach einer andern.

Nein, ins Kabinett,
Bis ich Euch rufe.

Zweiter Auftritt

König Philipp. Don Carlos.

CARLOS *geht, sobald der Herzog des Zimmer verlassen hat, auf den König zu und fällt vor ihm nieder, im Ausdruck der höchsten Empfindung.*

Jetzt mein Vater wieder,
Jetzt wieder mein, und meinen besten Dank
Für diese Gnade. – Ihre Hand, mein Vater. –
O süßer Tag! – Die Wonne dieses Kusses
War Ihrem Kinde lange nicht gegönnt.
Warum von Ihrem Herzen mich so lange
Verstoßen, Vater? Was hab ich getan?

PHILIPP.
Infant, dein Herz weiß nichts von diesen Künsten.
Erspare sie, ich mag sie nicht.

CARLOS *aufstehend.*
Das war es!
Da hör ich Ihre Höflinge – Mein Vater!
Es ist nicht gut, bei Gott! nicht alles gut,
Nicht alles, was ein Priester sagt, nicht alles,
Was eines Priesters Kreaturen sagen.

Ich bin nicht schlimm, mein Vater – heißes Blut
Ist meine Bosheit, mein Verbrechen Jugend.
Schlimm bin ich nicht, schlimm wahrlich nicht – wenn auch
Oft wilde Wallungen mein Herz verklagen,
Mein Herz ist gut –

PHILIPP.
Dein Herz ist rein, ich weiß es,
Wie dein Gebet.

CARLOS.
Jetzt oder nie! – Wir sind allein.
Der Etikette bange Scheidewand
Ist zwischen Sohn und Vater eingesunken.
Jetzt oder nie! Ein Sonnenstrahl der Hoffnung
Glänzt in mir auf, und eine süße Ahndung
Fliegt durch mein Herz – Der ganze Himmel beugt
Mit Scharen froher Engel sich herunter,
Voll Rührung sieht der Dreimalheilige
Dem großen, schönen Auftritt zu! – Mein Vater!
Versöhnung!
Er fällt ihm zu Füßen.

PHILIPP.
Laß mich und steh auf!

CARLOS.
Versöhnung!

PHILIPP *will sich von ihm losreißen.*
Zu kühn wird mir dies Gaukelspiel –

CARLOS.
Zu kühn
Die Liebe deines Kindes?

PHILIPP.
Vollends Tränen?
Unwürdger Anblick! – Geh aus meinen Augen.

CARLOS.
Jetzt oder nie! – Versöhnung, Vater!

PHILIPP.
Weg
Aus meinen Augen! Komm mit Schmach bedeckt
Aus meinen Schlachten, meine Arme sollen
Geöffnet sein, dich zu empfangen – So
Verwerf ich dich! – Die feige Schuld allein
Wird sich in solchen Quellen schimpflich waschen.
Wer zu bereuen nicht errötet, wird
Sich Reue nie ersparen.

CARLOS.
Wer ist das?
Durch welchen Mißverstand hat dieser Fremdling
Zu Menschen sich verirrt? – Die ewige
Beglaubigung der Menschheit sind ja Tränen,
Sein Aug ist trocken, ihn gebar kein Weib –
O, zwingen Sie die nie benetzten Augen,
Noch zeitig Tränen einzulernen, sonst,
Sonst möchten Sies in einer harten Stunde
Noch nachzuholen haben.

PHILIPP.
Denkst du den schweren Zweifel deines Vaters
Mit schönen Worten zu erschüttern?

CARLOS.
Zweifel?
Ich will ihn tilgen, diesen Zweifel – will
Mich hängen an das Vaterherz, will reißen,
Will mächtig reißen an dem Vaterherzen,
Bis dieses Zweifels felsenfeste Rinde
Von diesem Herzen niederfällt. – Wer sind sie,
Die mich aus meines Königs Gunst vertrieben?
Was bot der Mönch dem Vater für den Sohn?
Was wird ihm Alba für ein kinderlos
Verscherztes Leben zur Vergütung geben?
Sie wollen Liebe? – Hier in diesem Busen
Springt eine Quelle, frischer, feuriger
Als in den trüben, sumpfigen Behältern,
Die Philipps Gold erst öffnen muß.

PHILIPP.

Vermeßner,

Halt ein! – Die Männer, die du wagst zu schmähn,

Sind die geprüften Diener meiner Wahl,

Und du wirst sie verehren.

CARLOS.

Nimmermehr.

Ich fühle mich. Was Ihre Alba leisten,

Das kann auch Karl, und Karl kann mehr. Was fragt

Ein Mietling nach dem Königreich, das nie

Sein eigen sein wird? – Was bekümmerts den,

Wenn Philipps graue Haare weiß sich färben?

Ihr Carlos hätte Sie geliebt. – Mir graut

Vor dem Gedanken, einsam und allein,

Auf einem Thron allein zu sein. –

PHILIPP *von diesen Worten ergriffen, steht nachdenkend*

und in sich gekehrt. Nach einer Pause.

Ich bin allein.

CARLOS *mit Lebhaftigkeit und Wärme auf ihn zugehend.*

Sie sinds gewesen. Hassen Sie mich nicht mehr,

Ich will Sie kindlich, will Sie feurig lieben,

Nur hassen Sie mich nicht mehr. – Wie entzückend

Und süß ist es, in einer schönen Seele

Verherrlicht uns zu fühlen, es zu wissen,

Daß unsre Freude fremde Wangen rötet,

Daß unsre Angst in fremden Busen zittert,

Daß unsre Leiden fremde Augen wässern! –

Wie schön ist es und herrlich, Hand in Hand

Mit einem teuern, vielgeliebten Sohn

Der Jugend Rosenbahn zurückzueilen,

Des Lebens Traum noch einmal durchzuträumen!

Wie groß und süß, in seines Kindes Tugend

Unsterblich, unvergänglich fortzudauern,

Wohltätig für Jahrhunderte! – Wie schön,

Zu pflanzen, was ein lieber Sohn einst erntet,

Zu sammeln, was ihm wuchern wird, zu ahnden,

Wie hoch sein Dank einst flammen wird! – Mein Vater,
Von diesem Erdenparadiese schwiegen
Sehr weislich Ihre Mönche.

PHILIPP *nicht ohne Rührung.*
O, mein Sohn,
Mein Sohn! du brichst dir selbst den Stab. Sehr reizend
Malst du ein Glück, das – du mir nie gewährtest.

CARLOS.
Das richte der Allwissende! – Sie selbst,
Sie schlossen mich, wie aus dem Vaterherzen,
Von Ihres Zepters Anteil aus. Bis jetzt,
Bis diesen Tag – o, war das gut, wars billig? –
Bis jetzt mußt ich, der Erbprinz Spaniens,
In Spanien ein Fremdling sein, Gefangner
Auf diesem Grund, wo ich einst Herr sein werde.
War das gerecht, wars gütig? – O, wie oft,
Wie oft, mein Vater, sah ich schamrot nieder,
Wenn die Gesandten fremder Potentaten,
Wenn Zeitungsblätter mir das Neueste
Vom Hofe zu Aranjuez erzählten!

PHILIPP.
Zu heftig braust das Blut in deinen Adern.
Du würdest nur zerstören.

CARLOS.
Geben Sie
Mir zu zerstören, Vater. – Heftig brausts
In meinen Adern – Dreiundzwanzig Jahre,
Und nichts für die Unsterblichkeit getan!
Ich bin erwacht, ich fühle mich. – Mein Ruf
Zum Königsthron pocht, wie ein Gläubiger,
Aus meinem Schlummer mich empor, und alle
Verlorne Stunden meiner Jugend mahnen
Mich laut wie Ehrenschulden. Er ist da,
Der große, schöne Augenblick, der endlich
Des hohen Pfundes Zinsen von mir fordert:
Mich ruft die Weltgeschichte, Ahnenruhm

Und des Gerüchtes donnernde Posaune.
Nun ist die Zeit gekommen, mir des Ruhmes
Glorreiche Schranken aufzutun. – Mein König,
Darf ich die Bitte auszusprechen wagen,
Die mich hierher geführt?

PHILIPP.
Noch eine Bitte?
Entdecke sie.

CARLOS.
Der Aufruhr in Brabant
Wächst drohend an. Der Startsinn der Rebellen
Heischt starke, kluge Gegenwehr. Die Wut
Der Schwärmer zu bezähmen, soll der Herzog
Ein Heer nach Flandern führen, von dem König
Mit souveräner Vollmacht ausgestattet.
Wie ehrenvoll ist dieses Amt, wie ganz
Dazu geeignet, Ihren Sohn im Tempel
Des Ruhmes einzuführen! – Mir, mein König,
Mir übergeben Sie das Heer. Mich lieben
Die Niederländer; ich erkühne mich,
Mein Blut für ihre Treue zu verbürgen.

PHILIPP.
Du redest wie ein Träumender. Dies Amt
Will einen Mann und keinen Jüngling –

CARLOS.
Will
Nur einen Menschen, Vater, und das ist
Das einzige, was Alba nie gewesen.

PHILIPP.
Und Schrecken bändigt die Empörung nur.
Erbarmung hieße Wahnsinn. – Deine Seele
Ist weich, mein Sohn, der Herzog wird gefürchtet –
Steh ab von deiner Bitte.

CARLOS.
Schicken Sie
Mich mit dem Heer nach Flandern, wagen Sies

Auf meine weiche Seele. Schon der Name
Des königlichen Sohnes, der voraus
Vor meinen Fahnen fliegen wird, erobert,
Wo Herzog Albas Henker nur verheeren.
Auf meinen Knien bitt ich drum. Es ist
Die erste Bitte meines Lebens – Vater,
Vertrauen Sie mir Flandern –

PHILIPP *den Infanten mit einem durchdringenden Blick betrachtend.*
Und zugleich
Mein bestes Kriegsheer deiner Herrschbegierde?
Das Messer meinem Mörder?

CARLOS.
O mein Gott!
Bin ich nicht weiter, und ist das die Frucht
Von dieser längst erbetnen großen Stunde?

Nach einigem Nachdenken, mit gemildertem Ernst.

Antworten Sie mir sanfter! Schicken Sie
Mich so nicht weg! Mit dieser übeln Antwort
Möcht ich nicht gern entlassen sein, nicht gern
Entlassen sein mit diesem schweren Herzen.
Behandeln Sie mich gnädiger. Es ist
Mein dringendes Bedürfnis, ist mein letzter,
Verzweifelter Versuch – ich kanns nicht fassen,
Nicht standhaft tragen wie ein Mann, daß Sie
Mir alles, alles, alles so verweigern. –
Jetzt lassen Sie mich von sich. Unerhört,
Von tausend süßen Ahndungen betrogen,
Geh ich aus Ihrem Angesicht. – Ihr Alba
Und Ihr Domingo werden siegreich thronen,
Wo jetzt Ihr Kind im Staub geweint. Die Schar
Der Höflinge, die bebende Grandezza,
Der Mönche sünderbleiche Zunft war Zeuge,
Als Sie mir feierlich Gehör geschenkt.
Beschämen Sie mich nicht! So tödlich, Vater,
Verwunden Sie mich nicht, dem frechen Hohn
Des Hofgesindes schimpflich mich zu opfern,

Daß Fremdlinge von Ihrer Gnade schwelgen,
Ihr Carlos nichts erbitten kann. Zum Pfande,
Daß Sie mich ehren wollen, schicken Sie
Mich mit dem Heer nach Flandern!

PHILIPP.
Wiederhole
Dies Wort nicht mehr, bei deines Königs Zorn!

CARLOS.
Ich wage meines Königs Zorn und bitte
Zum letztenmal – vertrauen Sie mir Flandern.
Ich soll und muß aus Spanien. Mein Hiersein
Ist Atemholen unter Henkershand –
Schwer liegt der Himmel zu Madrid auf mir,
Wie das Bewußtsein eines Mords. Nur schnelle
Veränderung des Himmels kann mich heilen.
Wenn Sie mich retten wollen – schicken Sie
Mich ungesäumt nach Flandern.

PHILIPP *mit erzwungener Gelassenheit.*
Solche Kranke
Wie du, mein Sohn, verlangen gute Pflege
Und Wohnen unterm Aug des Arzts. Du bleibst
In Spanien; der Herzog geht nach Flandern.

CARLOS *außer sich.*
O, jetzt umringt mich, gute Geister –

PHILIPP *der einen Schritt zurücktritt.*
Halt!
Was wollen diese Mienen sagen?

CARLOS *mit schwankender Stimme.*
Vater,
Unwiderruflich bleibts bei der Entscheidung?

PHILIPP.
Sie kam vom König.

CARLOS.
Mein Geschäft ist aus.

Geht ab in heftiger Bewegung.

Dritter Auftritt

Philipp bleibt eine Zeitlang in düstres Nachdenken versunken stehen – endlich geht er einige Schritte im Saale auf und nieder. Alba nähert sich verlegen.

PHILIPP.
Seid jede Stunde des Befehls gewärtig,
Nach Brüssel abzugehen.

ALBA.
Alles steht
Bereit, mein König.

PHILIPP.
Eure Vollmacht liegt
Versiegelt schon im Kabinett. Indessen
Nehmt Euren Urlaub von der Königin
Und zeiget Euch zum Abschied dem Infanten.

ALBA.
Mit den Gebärden eines Wütenden
Sah ich ihn eben diesen Saal verlassen.
Auch Eure Königliche Majestät
Sind außer sich und scheinen tiefbewegt –
Vielleicht der Inhalt des Gesprächs?

PHILIPP *nach einigem Auf- und Niedergehen.*
Der Inhalt
War Herzog Alba.

Der König bleibt mit dem Aug auf ihm haften, finster.

– Gerne mag ich hören,
Daß Carlos meine Räte haßt; doch mit
Verdruß entdeck ich, daß er sie verachtet.

ALBA *entfärbt sich und will auffahren.*

PHILIPP.
Jetzt keine Antwort. Ich erlaube Euch,
Den Prinzen zu versöhnen.

ALBA.
Sire!

PHILIPP.
Sagt an,
Wer war es doch, der mich zum erstenmal
Vor meines Sohnes schwarzem Anschlag warnte?
Da hört ich Euch und nicht auch ihn. Ich will
Die Probe wagen, Herzog. Künftighin
Steht Carlos meinem Throne näher. Geht.
*Der König begibt sich in das Kabinett. Der Herzog entfernt sich
durch eine andere Türe.*

Ein Vorsaal vor dem Zimmer der Königin.

Vierter Auftritt

*Don Carlos kommt im Gespräche mit einem Pagen durch die Mittel-
türe. Die Hofleute, welche sich im Vorsaal befinden, zerstreuen sich
bei seiner Ankunft in den angrenzenden Zimmern.*

CARLOS.
Ein Brief an mich? – Wozu denn dieser Schlüssel?
Und beides mir so heimlich überliefert?
Komm näher. – Wo empfingst du das?

PAGE *geheimnisvoll.*
Wie mich
Die Dame merken lassen, will sie lieber
Erraten als beschrieben sein –

CARLOS *zurückfahrend.*
Die Dame?

Indem er den Pagen genauer betrachtet.

Was? – Wie? – Wer bist du denn?

PAGE.
Ein Edelknabe
Von Ihrer Majestät der Königin –

CARLOS *erschrocken auf ihn zugehend und ihm die Hand auf den
Mund drückend.*
Du bist des Todes. Halt! Ich weiß genug.

Er reißt hastig das Siegel auf und trifft an das äußerste Ende des Saals, den Brief zu lesen. Unterdessen kommt der Herzog von Alba und geht, ohne von dem Prinzen bemerkt zu werden, an ihm vorbei in der Königin Zimmer. Carlos fängt an, heftig zu zittern und wechselsweise zu erblassen und zu erröten. Nachdem er gelesen hat, steht er lange sprachlos, die Augen starr auf den Brief geheftet. – Endlich wendet er sich zu dem Pagen.

Sie gab dir selbst den Brief?

PAGE.
Mit eignen Händen.

CARLOS.
Sie gab dir selbst den Brief? – O, spotte nicht!
Noch hab ich nichts von ihrer Hand gelesen,
Ich muß dir glauben, wenn du schwören kannst.
Wenns Lüge war, gesteh mirs offenherzig,
Und treibe keinen Spott mit mir.

PAGE.
Mit wem?

CARLOS *sieht wieder in den Brief und betrachtet den Pagen mit zweifelhafter, forschender Miene. Nachdem er einen Gang durch den Saal gemacht hat.*
Du hast noch Eltern? Ja? Dein Vater dient
Dem Könige und ist ein Kind des Landes?

PAGE.
Er fiel bei Saint Quentin, ein Oberster
Der Reiterei des Herzogs von Savoyen,
Und hieß Alonzo Graf von Henarez.

CARLOS *indem er ihn bei der Hand nimmt und die Augen bedeutend auf ihn heftet.*
Den Brief gab dir der König?

PAGE *empfindlich.*
Gnädger Prinz,
Verdien ich diesen Argwohn?

CARLOS *liest den Brief.*
»Dieser Schlüssel öffnet

61

Die hintern Zimmer im Pavillon
Der Königin. Das äußerste von allen
Stößt seitwärts an ein Kabinett, wohin
Noch keines Horchers Fußtritt sich verloren.
Hier darf die Liebe frei und laut gestehn,
Was sie so lange Winken nur vertraute.
Erhörung wartet auf den Furchtsamen
Und schöner Lohn auf den bescheidnen Dulder.«
Wie aus einer Betäubung erwachend.
Ich träume nicht – ich rase nicht – das ist
Mein rechter Arm – das ist mein Schwert – das sind
Geschriebne Silben. Es ist wahr und wirklich,
Ich bin geliebt – ich bin es – ja, ich bin,
Ich bin geliebt!
*Außer Fassung durchs Zimmer stürzend und die Arme zum Himmel
emporgeworfen.*

PAGE.
So kommen Sie, mein Prinz, ich führe Sie.

CARLOS.
Erst laß mich zu mir selber kommen. – Zittern
Nicht alle Schrecken dieses Glücks noch in mir?
Hab ich so stolz gehofft? Hab ich das je
Zu träumen mir getraut? Wo ist der Mensch,
Der sich so schnell gewöhnte, Gott zu sein? –
Wer war ich, und wer bin ich nun? Das ist
Ein andrer Himmel, eine andre Sonne,
Als vorhin dagewesen war – Sie liebt mich!

PAGE *will ihn fortführen.*
Prinz, Prinz, hier ist der Ort nicht – Sie vergessen –

CARLOS *von einer plötzlichen Erstarrung ergriffen.*
Den König, meinen Vater!

*Er läßt die Arme sinken, blickt scheu umher und fängt an, sich zu
sammeln.*
Das ist schrecklich –
Ja, ganz recht, Freund. Ich danke dir, ich war

Soeben nicht ganz bei mir. – Daß ich das
Verschweigen soll, der Seligkeit soviel
In diese Brust vermauern soll, ist schrecklich.

Den Pagen bei der Hand fassend und beiseite führend.

Was du gesehn – hörst du? – und nicht gesehen,
Sei wie ein Sarg in deiner Brust versunken.
Jetzt geh. Ich will mich finden. Geh. Man darf
Uns hier nicht treffen. Geh –

PAGE *will fort.*

CARLOS.
Doch halt! doch höre! –

*Der Page kommt zurück. Carlos legt ihm eine Hand auf die Schulter
und sieht ihm ernst und feierlich ins Gesicht.*

Du nimmst ein schreckliches Geheimnis mit,
Das, jenen starken Giften gleich, die Schale,
Worin es aufgefangen wird, zersprengt. –
Beherrsche deine Mienen gut. Dein Kopf
Erfahre niemals, was dein Busen hütet.
Sei wie das tote Sprachrohr, das den Schall
Empfängt und wiedergibt und selbst nicht höret.
Du bist ein Knabe – sei es immerhin
Und fahre fort, den Fröhlichen zu spielen –
Wie gut verstands die kluge Schreiberin,
Der Liebe einen Boten auszulesen!
Hier sucht der König seine Nattern nicht.

PAGE.
Und ich, mein Prinz, ich werde stolz drauf sein,
Um ein Geheimnis reicher mich zu wissen
Als selbst der König –

CARLOS.
Eitler junger Tor,
Das ists, wovor du zittern mußt. – Geschiehts,
Daß wir uns öffentlich begegnen, schüchtern,
Mit Unterwerfung nahst du mir. Laß nie
Die Eitelkeit zu Winken dich verführen,

Wie gnädig der Infant dir sei! Du kannst
Nicht schwerer sündigen, mein Sohn, als wenn
Du mir gefällst. – Was du mir künftig magst
Zu hinterbringen haben, sprich es nie
Mit Silben aus, vertrau es nie den Lippen;
Den allgemeinen Fahrweg der Gedanken
Betrete deine Zeitung nicht. Du sprichst
Mit deinen Wimpern, deinem Zeigefinger;
Ich höre dir mit Blicken zu. Die Luft,
Das Licht um uns ist Philipps Kreatur,
Die tauben Wände stehn in seinem Solde –
Man kommt –

Das Zimmer der Königin öffnet sich, und der Herzog von Alba tritt heraus.

Hinweg! Auf Wiedersehen!

PAGE.
Prinz,
Daß Sie das rechte Zimmer nur nicht fehlen!

Ab.

CARLOS.
Es ist der Herzog. – Nein doch, nein! Schon gut!
Ich finde mich.

Fünfter Auftritt

Don Carlos. Herzog von Alba.

ALBA *ihm in den Weg tretend.*
Zwei Worte, gnädger Prinz.

CARLOS.
Ganz recht – schon gut – ein andermal.

Er will gehen.

ALBA.
Der Ort
Scheint freilich nicht der schicklichste. Vielleicht

Gefällt es Eurer Königlichen Hoheit,
Auf Ihrem Zimmer mir Gehör zu geben?

CARLOS.
Wozu? Das kann hier auch geschehn. – Nur schnell,
Nur kurz –

ALBA.
Was eigentlich hierher mich führt,
Ist, Eurer Hoheit untertängen Dank
Für das Bewußte abzutragen –

CARLOS.
Dank?
Mir Dank? Wofür? – Und Dank von Herzog Alba?

ALBA.
Denn kaum, daß Sie das Zimmer des Monarchen
Verlassen hatten, ward mir angekündigt,
Nach Brüssel abzugehen.

CARLOS.
Brüssel! So!

ALBA.
Wem sonst, mein Prinz, als Ihrer gnädigen
Verwendung bei des Königs Majestät
Kann ich es zuzuschreiben haben? –

CARLOS.
Mir?
Mir ganz und gar nicht – mir wahrhaftig nicht.
Sie reisen – reisen Sie mit Gott!

ALBA.
Sonst nichts?
Das nimmt mich wunder. – Eure Hoheit hätten
Mir weiter nichts nach Flandern aufzutragen?

CARLOS.
Was sonst? was dort?

ALBA.
Doch schien es noch vor kurzem,
Als forderte das Schicksal dieser Länder

Don Carlos' eigne Gegenwart.

CARLOS.
Wieso?
Doch ja – ja recht – das war vorhin – das ist
Auch so ganz gut, recht gut, um so viel besser –

ALBA.
Ich höre mit Verwunderung –

CARLOS *nicht mit Ironie.*
Sie sind
Ein großer General – wer weiß das nicht?
Der Neid muß es beschwören. Ich – ich bin
Ein junger Mensch. So hat es auch der König
Gemeint. Der König hat ganz recht, ganz recht.
Ich sehs jetzt ein, ich bin vergnügt, und also
Genug davon. Glück auf den Weg. Ich kann
Jetzt, wie Sie sehen, schlechterdings – ich bin
Soeben etwas überhäuft – das Weitere
Auf morgen, oder wenn Sie wollen, oder
Wenn Sie von Brüssel wiederkommen –

ALBA.
Wie?

CARLOS *nach einigem Stillschweigen, wie er sieht, daß der Herzog
noch immer bleibt.*
Sie nehmen gute Jahrszeit mit. – Die Reise
Geht über Mailand, Lothringen, Burgund
Und Deutschland – Deutschland? – Recht, in Deutschland war es!
Da kennt man Sie! – Wir haben jetzt April;
Mai – Junius – im Julius, ganz recht,
Und spätestens zu Anfang des Augusts
Sind Sie in Brüssel. O, ich zweifle nicht,
Man wird sehr bald von Ihren Siegen hören.
Sie werden unsers gnädigsten Vertrauens
Sich wert zu machen wissen.

ALBA *mit Bedeutung.*
Werd ich das,
In meines Nichts durchbohrendem Gefühle?

CARLOS *nach einigem Stillschweigen mit Würde und Stolz.*
Sie sind empfindlich, Herzog – und mit Recht.
Es war, ich muß bekennen, wenig Schonung
Von meiner Seite, Waffen gegen Sie
Zu führen, die Sie nicht imstande sind
Mir zu erwidern.

ALBA.
Nicht imstande? –

CARLOS *ihm lächelnd die Hand reichend.*
Schade,
Daß mirs gerade jetzt an Zeit gebricht,
Den würdgen Kampf mit Alba auszufechten.
Ein andermal –

ALBA.
Prinz, wir verrechnen uns
Auf ganz verschiedne Weise. Sie zum Beispiel,
Sie sehen sich um zwanzig Jahre später,
Ich Sie um ebensoviel früher.

CARLOS.
Nun?

ALBA.
Und dabei fällt mir ein, wie viele Nächte
Bei seiner schönen portugiesischen
Gemahlin, Ihrer Mutter, der Monarch
Wohl drum gegeben hätte, einen Arm
Wie diesen seiner Krone zu erkaufen?
Ihm mocht es wohl bekannt sein, wieviel leichter
Die Sache sei, Monarchen fortzupflanzen
Als Monarchien – wieviel schneller man
Die Welt mit einem Könige versorge,
Als Könige mit einer Welt.

CARLOS.
Sehr wahr!
Doch, Herzog Alba? doch –

ALBA.
Und wieviel Blut,
Blut Ihres Volkes fließen mußte, bis
Zwei Tropfen Sie zum König machen konnten.

CARLOS.
Sehr wahr, bei Gott – und in zwei Worte alles
Gepreßt, was des Verdienstes Stolz dem Stolze
Des Glücks entgegensetzen kann. – Doch nun
Die Anwendung? doch, Herzog Alba?

ALBA.
Wehe
Dem zarten Wiegenkinde Majestät,
Das seiner Amme spotten kann! Wie sanft
Mags auf dem weichen Kissen unsrer Siege
Sich schlafen lassen! An der Krone funkeln
Die Perlen nur, und freilich nicht die Wunden,
Mit denen sie errungen ward. – Dies Schwert
Schrieb fremden Völkern spanische Gesetze,
Es blitzte dem Gekreuzigten voran
Und zeichnete dem Samenkorn des Glaubens
Auf diesem Weltteil blutge Furchen vor:
Gott richtete im Himmel, ich auf Erden –

CARLOS.
Gott oder Teufel, gilt gleichviel! Sie waren
Sein rechter Arm. Ich weiß das wohl – und jetzt
Nichts mehr davon. Ich bitte. Vor gewissen
Erinnerungen möcht ich gern mich hüten. –
Ich ehre meines Vaters Wahl. Mein Vater
Braucht einen Alba; daß er diesen braucht,
Das ist es nicht, warum ich ihn beneide.
Sie sind ein großer Mann. – Auch das mag sein;
Ich glaub es fast. Nur, fürcht ich, kamen Sie,
Um wenige Jahrtausende zu zeitig.
Ein Alba, sollt ich meinen, war der Mann,
Am Ende aller Tage zu erscheinen!
Dann, wann des Lasters Riesentrotz die Langmut
Des Himmels aufgezehrt, die reiche Ernte

Der Missetat in vollen Halmen steht
Und einen Schnitter sonder Beispiel fordert,
Dann stehen Sie an Ihrem Platz. – O Gott,
Mein Paradies! mein Flandern! – Doch ich soll
Es jetzt nicht denken. Still davon. Man spricht,
Sie führten einen Vorrat Blutsentenzen,
Im voraus unterzeichnet, mit? Die Vorsicht
Ist lobenswert. So braucht man sich vor keiner
Schikane mehr zu fürchten. – O mein Vater,
Wie schlecht verstand ich deine Meinung! Härte
Gab ich dir schuld, weil du mir ein Geschäft
Verweigertest, wo deine Alba glänzen? –
Es war der Anfang deiner Achtung.

ALBA.
Prinz,
Dies Wort verdiente –

CARLOS *auffahrend.*
Was?

ALBA.
Doch davor schützt Sie
Der Königssohn.

CARLOS *nach dem Schwert greifend.*
Das fordert Blut! – Das Schwert
Gezogen, Herzog!

ALBA *kalt.*
Gegen wen?

CARLOS *heftig auf ihn eindringend.*
Das Schwert
Gezogen, ich durchstoße Sie.

ALBA *zieht.*
Wenn es
Denn sein muß.

Sie fechten.

Sechster Auftritt

Die Königin. Don Carlos. Herzog von Alba.

KÖNIGIN *welche erschrocken aus ihrem Zimmer tritt.*
Bloße Schwerter!
Zum Prinzen, unwillig und mit gebietender Stimme.
Carlos!

CARLOS *vom Anblick der Königin außer sich gesetzt, läßt den Arm sinken, steht ohne Bewegung und sinnlos, dann eilt er auf den Herzog zu und küßt ihn.*
Versöhnung, Herzog! Alles sei vergeben!
Er wirft sich stumm zu der Königin Füßen, steht dann rasch auf und eilt außer Fassung fort.

ALBA *der voll Erstaunen dasteht und kein Auge von ihnen verwendet.*
Bei Gott, das ist doch seltsam! –

KÖNIGIN *steht einige Augenblicke beunruhigt und zweifelhaft, dann geht sie langsam nach ihrem Zimmer, an der Türe dreht sie sich um.*
Herzog Alba!
Der Herzog folgt ihr in das Zimmer.

Ein Kabinett der Prinzessin von Eboli.

Siebenter Auftritt

Die Prinzessin, in einem idealischen Geschmack, schön, aber einfach gekleidet, spielt die Laute und singt. Darauf der Page der Königin.

PRINZESSIN *springt schnell auf.*
Er kommt!

PAGE *eilfertig.*
Sind Sie allein? Mich wundert sehr,
Ihn noch nicht hier zu finden; doch er muß
Im Augenblick erscheinen.

PRINZESSIN.
Muß er? Nun,

So will er auch – so ist es ja entschieden –

PAGE.
Er folgt mir auf den Fersen. – Gnädge Fürstin,
Sie sind geliebt – geliebt, geliebt wie Sie
Kanns niemand sein und niemand sein gewesen.
Welch eine Szene sah ich an!

PRINZESSIN *zieht ihn voll Ungeduld an sich.*
Geschwinde!
Du sprachst mit ihm? Heraus damit! Was sprach er?
Wie nahm er sich? Was waren seine Worte?
Er schien verlegen, schien bestürzt? Erriet
Er die Person, die ihm den Schlüssel schickte?
Geschwinde – Oder riet er nicht? Er riet
Wohl gar nicht? riet auf eine falsche? – Nun?
Antwortest du mir denn kein Wort? O pfui,
Pfui, schäme dich: so hölzern bist du nie,
So unerträglich langsam nie gewesen.

PAGE.
Kann ich zu Worte kommen, Gnädigste?
Ich übergab ihm Schlüssel und Billet
Im Vorsaal bei der Königin. Er stutzte
Und sah mich an, da mir das Wort entwischte,
Ein Frauenzimmer sende mich.

PRINZESSIN.
Er stutzte?
Sehr gut! sehr brav! Nur fort, erzähle weiter.

PAGE.
Ich wollte mehr noch sagen, da erblaßt' er
Und riß den Brief mir aus der Hand und sah
Mich drohend an und sagt', er wisse alles.
Den Brief durchlas er mit Bestürzung, fing
Auf einmal an zu zittern.

PRINZESSIN.
Wisse alles?
Er wisse alles? Sagt' er das?

PAGE.

Und fragte

Mich dreimal, viermal, ob Sie selber, wirklich

Sie selber mir den Brief gegeben?

PRINZESSIN.

Ob

Ich selbst? Und also nannt er meinen Namen?

PAGE.

Den Namen – nein, den nannt er nicht. – Es möchten

Kundschafter, sagt' er, in der Gegend horchen

Und es dem König plaudern.

PRINZESSIN *befremdet.*

Sagt' er das?

PAGE.

Dem König, sagt' er, liege ganz erstaunlich,

Gar mächtig viel daran, besonders viel,

Von diesem Briefe Kundschaft zu erhalten.

PRINZESSIN.

Dem König? Hast du recht gehört? Dem König?

War das der Ausdruck, den er brauchte?

PAGE.

Ja!

Er nannt es ein gefährliches Geheimnis,

Und warnte mich, mit Worten und mit Winken

Gar sehr auf meiner Hut zu sein, daß ja

Der König keinen Argwohn schöpfe.

PRINZESSIN *nach einigem Nachsinnen, voll Verwunderung.*

Alles

Trifft zu. – Es kann nicht anders sein – er muß

Um die Geschichte wissen. – Unbegreiflich!

Wer mag ihm wohl verraten haben? – Wer?

Ich frage noch – Wer sieht so scharf, so tief,

Wer anders als der Falkenblick der Liebe?

Doch weiter, fahre weiter fort: er las

Das Billett –

PAGE.
Das Billett enthalte
Ein Glück, sagt' er, vor dem er zittern müsse;
Das hab er nie zu träumen sich getraut.
Zum Unglück trat der Herzog in den Saal,
Dies zwang uns –

PRINZESSIN *ärgerlich.*
Aber was in aller Welt
Hat jetzt der Herzog dort zu tun? Wo aber,
Wo bleibt er denn? Was zögert er? Warum
Erscheint er nicht? – Siehst du, wie falsch man dich
Berichtet hat! Wie glücklich wär er schon
In so viel Zeit gewesen, als du brauchtest,
Mir zu erzählen, daß ers werden wollte!

PAGE.
Der Herzog, fürcht ich –

PRINZESSIN.
Wiederum der Herzog?
Was will der hier? Was hat da tapfre Mann
Mit meiner stillen Seligkeit zu schaffen?
Den könnt er stehenlassen, weiterschicken.
Wen auf der Welt kann man das nicht? – O wahrlich!
Dein Prinz versteht sich auf die Liebe selbst
So schlecht als, wie es schien, auf Damenherzen.
Er weiß nicht, was Minuten sind – Still, still!
Ich höre kommen. Fort. Es ist der Prinz.

Page eilt hinaus.

Hinweg, hinweg! – Wo hab ich meine Laute?
Er soll mich überraschen. – Mein Gesang
Soll ihm das Zeichen geben –

Achter Auftritt

Die Prinzessin und bald nachher Don Carlos.
Prinzessin hat sich in eine Ottomane geworfen und spielt.
CARLOS stürzt herein. Er erkennt die Prinzessin und steht da, wie
vom Donner gerührt.

Gott!
Wo bin ich?

PRINZESSIN *läßt die Laute fallen. Ihm entgegen.*
Ah, Prinz Carlos? Ja wahrhaftig!

CARLOS.
Wo bin ich? Rasender Betrug – ich habe
Das rechte Kabinett verfehlt.

PRINZESSIN.
Wie gut
Versteht es Karl, die Zimmer sich zu merken,
Wo Damen ohne Zeugen sind.

CARLOS.
Prinzessin
Verzeihen Sie, Prinzessin – ich – ich fand
Den Vorsaal offen.

PRINZESSIN.
Kann das möglich sein?
Mich deucht ja doch, daß ich ihn selbst verschloß.

CARLOS.
Das deucht Sie nur, das deucht Sie – doch versichert!
Sie irren sich. Verschließen wollen, ja,
Das geb ich zu, das glaub ich – doch verschlossen?
Verschlossen nicht, wahrhaftig nicht! Ich höre
Auf einer – Laute jemand spielen – wars
Nicht eine Laute?

Indem er sich zweifelhaft umsieht.

Recht! dort liegt sie noch –
Und Laute – das weiß Gott im Himmel! – Laute,
Die lieb ich bis zur Raserei. Ich bin

Ganz Ohr, ich weiß nichts von mir selber, stürze
Ins Kabinett, der süßen Künstlerin,
Die mich so himmlisch rührte, mich so mächtig
Bezauberte, ins schöne Aug zu sehen.

PRINZESSIN.
Ein liebenswürdger Vorwitz, den Sie doch
Sehr bald gestillt, wie ich beweisen könnte.

Nach einigem Stillschweigen mit Bedeutung.

O, schätzen muß ich den bescheidnen Mann,
Der, einem Weib Beschämung zu ersparen,
In solchen Lügen sich verstrickt.

CARLOS *treuherzig.*
Prinzessin,
Ich fühle selber, daß ich nur verschlimmre,
Wo ich verbessern will. Erlassen Sie
Mir eine Rolle, die ich durchzuführen
So ganz und gar verdorben bin. Sie suchten
Auf diesem Zimmer Zuflucht vor der Welt.
Hier wollten Sie, von Menschen unbehorcht,
Den stillen Wünschen Ihres Herzens leben.
Ich, Sohn des Unglücks, zeige mich; sogleich
Ist dieser schöne Traum gestört. – Dafür
Soll mich die schleunigste Entfernung –

Er will gehen.

PRINZESSIN *überrascht und betroffen, doch sogleich wieder gefaßt.*
Prinz –
O, das war boshaft.

CARLOS.
Fürstin – ich verstehe,
Was dieser Blick in diesem Kabinett
Bedeuten soll, und diese tugendhafte
Verlegenheit verehr ich. Weh dem Manne,
Den weibliches Erröten mutig macht!
Ich bin verzagt, wenn Weiber vor mir zittern.

PRINZESSIN.

Ists möglich? – Ein Gewissen ohne Beispiel
Für einen jungen Mann und Königssohn!
Ja, Prinz – jetzt vollends müssen Sie mir bleiben,
Jetzt bitt ich selbst darum: bei so viel Tugend
Erholt sich jedes Mädchens Angst. Doch wissen Sie,
Daß Ihre plötzliche Erscheinung mich
Bei meiner liebsten Arie erschreckte?

Sie führt ihn zum Sofa und nimmt ihre Laute wieder.

Die Arie, Prinz Carlos, werd ich wohl
Noch einmal spielen müssen; Ihre Strafe
Soll sein, mir zuzuhören.

CARLOS *Er setzt sich, nicht ganz ohne Zwang, neben die Fürstin.*
Eine Strafe,
So wünschenswert als mein Vergehn – und, wahrlich!
Der Inhalt war mir so willkommen, war
So göttlich schön, daß ich zum – drittenmal
Sie hören könnte.

PRINZESSIN.

Was? Sie haben alles
Gehört? Das ist abscheulich, Prinz. – Es war,
Ich glaube gar, die Rede von der Liebe?

CARLOS.

Und, irr ich nicht, von einer glücklichen –
Der schönste Text in diesem schönen Munde;
Doch freilich nicht so wahr gesagt als schön.

PRINZESSIN.

Nicht? nicht so wahr? – Und also zweifeln Sie? –

CARLOS *ernsthaft.*

Ich zweifle fast, ob Carlos und die Fürstin
Von Eboli sich je verstehen können,
Wenn Liebe abgehandelt wird.

*Die Prinzessin stutzt; er bemerkt es und fährt mit einer leichten
Galanterie fort.*

Denn wer,

Wer wird es diesen Rosenwangen glauben,
Daß Leidenschaft in dieser Brust gewühlt?
Läuft eine Fürstin Eboli Gefahr,
Umsonst und unerhört zu seufzen? Liebe
Kennt der allein, der ohne Hoffnung liebt.

PRINZESSIN *mit ihrer ganzen vorigen Munterkeit.*
O, still! Das klingt ja fürchterlich. – Und freilich
Scheint dieses Schicksal Sie vor allen andern,
Und vollends heute – heute zu verfolgen.

Ihn bei der Hand fassend, mit einschmeichelndem Interesse.
Sie sind nicht fröhlich, guter Prinz. – Sie leiden –
Bei Gott, Sie leiden ja wohl gar. Ists möglich?
Und warum leiden, Prinz? bei diesem lauten
Berufe zum Genuß der Welt, bei allen
Geschenken der verschwendrischen Natur
Und allem Anspruch auf des Lebens Freuden?
Sie – eines großen Königs Sohn, und mehr,
Weit mehr als das, schon in der Fürstenwiege
Mit Gaben ausgestattet, die sogar
Auch Ihres Ranges Sonnenglanz verdunkeln?
Sie – der im ganzen strengen Rat der Weiber
Bestochne Richter sitzen hat, der Weiber,
Die über Männerwelt und Männerruhm
Ausschließend ohne Widerspruch entscheiden?
Der, wo er nur bemerkte, schon erobert,
Entzündet, wo er kalt geblieben, wo
Er glühen will, mit Paradiesen spielen
Und Götterglück verschenken muß – der Mann,
Den die Natur zum Glück von Tausenden
Und wenigen mit gleichen Gaben schmückte,
Er selber sollte elend sein? – O Himmel!
Der du ihm alles, alles gabst, warum,
Warum denn nur die Augen ihm versagen,
Womit er seine Siege sieht?

CARLOS *der die ganze Zeit in die tiefste Zerstreuung versunken war,
wird durch das Stillschweigen der Prinzessin plötzlich zu sich selbst
gebracht und fährt in die Höhe.*

Vortrefflich!
Ganz unvergleichlich, Fürstin! Singen Sie
Mir diese Stelle doch noch einmal.

PRINZESSIN *sieht ihn erstaunt an.*
Carlos,
Wo waren Sie indessen?

CARLOS *springt auf.*
Ja, bei Gott!
Sie mahnen mich zur rechten Zeit. – Ich muß,
Muß fort – muß eilends fort.

PRINZESSIN *hält ihn zurück.*
Wohin?

CARLOS *in schrecklicher Beängstigung.*
Hinunter
Ins Freie. – Lassen Sie mich los – Prinzessin,
Mir wird, als rauchte hinter mir die Welt
In Flammen auf –

PRINZESSIN *hält ihn mit Gewalt zurück.*
Was haben Sie? Woher
Dies fremde, unnatürliche Betragen?
Carlos bleibt stehen und wird nachdenkend. Sie ergreift diesen
Augenblick, ihn zu sich auf den Sofa zu ziehen.
Sie brauchen Ruhe, lieber Karl – Ihr Blut
Ist jetzt in Aufruhr – setzen Sie sich zu mir –
Weg mit den schwarzen Fieberphantasien!
Wenn Sie sich selber offenherzig fragen,
Weiß dieser Kopf, was dieses Herz beschwert?
Und wenn ers nun auch wüßte – sollte denn
Von allen Rittern dieses Hofs nicht einer,
Von allen Damen keine – Sie zu heilen,
Sie zu verstehen, wollt ich sagen – keine
Von allen würdig sein?

CARLOS *flüchtig, gedankenlos.*
Vielleicht die Fürstin
Von Eboli?

PRINZESSIN *freudig rasch.*
Wahrhaftig?

CARLOS.
Geben Sie
Mir eine Bittschrift – ein Empfehlungsschreiben
An meinen Vater. Geben Sie! Man spricht,
Sie gelten viel.

PRINZESSIN.
Wer spricht das? (Ha, so war es
Der Argwohn, der dich stumm gemacht!)

CARLOS.
Wahrscheinlich
Ist die Geschichte schon herum. Ich habe
Den schnellen Einfall, nach Brabant zu gehn,
Um – bloß um meine Sporen zu verdienen.
Das will mein Vater nicht. – Der gute Vater
Besorgt, wenn ich Armeen kommandierte –
Mein Singen könnte drunter leiden.

PRINZESSIN.
Carlos!
Sie spielen falsch. Gestehen Sie, Sie wollen
In dieser Schlangenwindung mir entgehn.
Hieher gesehen, Heuchler! Aug in Auge!
Wer nur von Rittertaten träumt – wird der,
Gestehen Sie – wird der auch wohl so tief
Herab sich lassen, Bänder, die den Damen
Entfallen sind, begierig wegzustehlen
Und – Sie verzeihn –

*Indem sie mit einer leichten Fingerbewegung seine Hemdkrause
wegschnellt und eine Bandschleife, die da verborgen war, wegnimmt.*
so kostbar zu verwahren?

CARLOS *mit Befremdung zurücktretend.*
Prinzessin! – Nein, das geht zu weit. – Ich bin
Verraten. Sie betrügt man nicht. – Sie sind
Mit Geistern, mit Dämonen einverstanden.

PRINZESSIN.
Darüber scheinen Sie erstaunt? Darüber?
Was soll die Wette gelten, Prinz, ich rufe
Geschichten in Ihr Herz zurück, Geschichten –
Versuchen Sie es, fragen Sie mich aus.
Wenn selbst der Laune Gaukelein, ein Laut,
Verstümmelt in die Luft gehaucht, ein Lächeln,
Von schnellem Ernste wieder ausgelöscht,
Wenn selber schon Erscheinungen, Gebärden,
Wo Ihre Seele ferne war, mir nicht
Entgangen sind, urteilen Sie, ob ich
Verstand, wo Sie verstanden werden wollten?

CARLOS.
Nun, das ist wahrlich viel gewagt. – Die Wette
Soll gelten, Fürstin. Sie versprechen mir
Entdeckungen in meinem eignen Herzen,
Um die ich selber nie gewußt.

PRINZESSIN *etwas empfindlich und ernsthaft.*
Nie, Prinz?
Besinnen Sie sich besser. Sehn Sie um sich. –
Dies Kabinett ist keines von den Zimmern
Der Königin, wo man das bißchen Maske
Noch allenfalls zu loben fand. – Sie stutzen?
Sie werden plötzlich lauter Glut? – O freilich,
Wer sollte wohl so scharfklug, so vermessen,
So müßig sein, den Carlos zu belauschen,
Wenn Carlos unbelauscht sich glaubt? – Wer sahs,
Wie er beim letzten Hofball seine Dame,
Die Königin, im Tanze stehenließ
Und mit Gewalt ins nächste Paar sich drängte,
Statt seiner königlichen Tänzerin
Der Fürstin Eboli die Hand zu reichen?
Ein Irrtum, Prinz, den der Monarch sogar,
Der eben jetzt erschienen war, bemerkte!

CARLOS *mit ironischem Lächeln.*
Auch sogar der? Ja freilich, gute Fürstin,
Für den besonders war das nicht.

PRINZESSIN.
So wenig
Als jener Auftritt in der Schloßkapelle,
Worauf sich wohl Prinz Carlos selbst nicht mehr
Besinnen wird. Sie lagen zu den Füßen
Der heilgen Jungfrau in Gebet ergossen,
Als plötzlich – konnten Sie dafür? – die Kleider
Gewisser Damen hinter Ihnen rauschten.
Da fing Don Philipps heldenmütger Sohn,
Gleich einem Ketzer vor dem heilgen Amte,
Zu zittern an; auf seinen bleichen Lippen
Starb das vergiftete Gebet – im Taumel
Der Leidenschaft – es war ein Possenspiel
Zum Rühren, Prinz – ergreifen Sie die Hand,
Der Mutter Gottes heilge, kalte Hand,
Und Feuerküsse regnen auf den Marmor.

CARLOS.
Sie tun mir unrecht, Fürstin. Das war Andacht.

PRINZESSIN.
Ja, dann ists etwas andres, Prinz – dann freilich
Wars damals auch nur Furcht vor dem Verluste,
Als Carlos mit der Königin und mir
Beim Spielen saß und mit bewunderswerter
Geschicklichkeit mir diesen Handschuh stahl –

Carlos springt bestürzt auf.

Den er zwar gleich nachher so artig war
Statt einer Karte wieder auszuspielen.

CARLOS.
O Gott – Gott – Gott! Was hab ich da gemacht?

PRINZESSIN.
Nichts, was Sie widerrufen werden, hoff ich.
Wie froh erschrak ich, als mir unvermutet
Ein Briefchen in die Finger kam, das Sie
In diesen Handschuh zu verstecken wußten.
Es war die rührendste Romanze, Prinz,
Die –

CARLOS *ihr rasch ins Wort fallend.*
Poesie! – Nichts weiter. – Mein Gehirn
Treibt öfters wunderbare Blasen auf,
Die schnell, wie sie entstanden sind, zerspringen.
Das war es alles. Schweigen wir davon.

PRINZESSIN *vor Erstaunen von ihm weggehend und ihn eine*
Zeitlang aus der Entfernung beobachtend.
Ich bin erschöpft – all meine Proben gleiten
Von diesem schlangenglatten Sonderling.
Sie schweigt einige Augenblicke.
Doch wie? – Wärs ungeheurer Männerstolz,
Der nur, sich desto süßer zu ergetzen,
Die Blödigkeit als Larve brauchte? – Ja?
Sie nähert sich dem Prinzen wieder und betrachtet ihn zweifelhaft.
Belehren Sie mich endlich, Prinz – Ich stehe
Vor einem zauberisch verschloßnen Schrank,
Wo alle meine Schlüssel mich betrügen.

CARLOS.
Wie ich vor Ihnen.

PRINZESSIN *sie verläßt ihn schnell, geht einigemal stillschweigend*
im Kabinett auf und nieder und scheint über etwas Wichtiges
nachzudenken. Endlich nach einer großen Pause ernsthaft und
feierlich.
Endlich sei es denn –
Ich muß einmal zu reden mich entschließen.
Zu meinem Richter wähl ich Sie. Sie sind
Ein edler Mensch – ein Mann, sind Fürst und Ritter.
An Ihren Busen werf ich mich. Sie werden
Mich retten, Prinz, und, wo ich ohne Rettung
Verloren bin, teilnehmend um mich weinen.

Der Prinz rückt näher, mit erwartungsvollem, teilnehmendem
Erstaunen.

Ein frecher Günstling des Monarchen buhlt
Um meine Hand – Ruy Gomez, Graf von Silva –
Der König will, schon ist man handelseinig,
Ich bin der Kreatur verkauft.

CARLOS *heftig ergriffen.*
Verkauft?
Und wiederum verkauft? und wiederum
Von dem berühmten Handelsmann in Süden?

PRINZESSIN.
Nein, hören Sie erst alles. Nicht genug,
Daß man der Politik mich hingeopfert,
Auch meiner Unschuld stellt man nach – Da, hier!
Dies Blatt kann diesen Heiligen entlarven.
Carlos nimmt das Papier und hängt voll Ungeduld an ihrer
Erzählung, ohne sich Zeit zu nehmen, es zu lesen.
Wo soll ich Rettung finden, Prinz? Bis jetzt
War es mein Stolz, der meine Tugend schützte;
Doch endlich –

CARLOS.
Endlich fielen Sie? Sie fielen?
Nein, nein! um Gottes willen, nein!

PRINZESSIN *stolz und edel.*
Durch wen?
Armselige Vernünftelei! Wie schwach
Von diesen starken Geistern! Weibergunst,
Der Liebe Glück der Ware gleich zu achten,
Worauf geboten werden kann! Sie ist
Das einzige auf diesem Rund der Erde,
Was keinen Käufer leidet als sich selbst.
Die Liebe ist der Liebe Preis. Sie ist
Der unschätzbare Diamant, den ich
Verschenken oder, ewig ungenossen,
Verscharren muß – dem großen Kaufmann gleich,
Der, ungerührt von des Rialto Gold,
Und Königen zum Schimpfe, seine Perle
Dem reichen Meere wiedergab, zu stolz,
Sie unter ihrem Werte loszuschlagen.

CARLOS.
(Beim wunderbaren Gott! – Das Weib ist schön!)

PRINZESSIN.
Man nenn es Grille – Eitelkeit: gleichviel.
Ich teile meine Freuden nicht. Dem Mann,
Dem einzigen, den ich mir auserlesen,
Geb ich für alles alles hin. Ich schenke
Nur einmal, aber ewig. Einen nur
Wird meine Liebe glücklich machen – einen –
Doch diesen einzigen zum Gott. Der Seelen
Entzückender Zusammenklang – ein Kuß –
Der Schäferstunde schwelgerische Freuden –
Der Schönheit hohe, himmlische Magie
Sind eines Strahles schwesterliche Farben,
Sind einer Blume Blätter nur. Ich sollte,
Ich Rasende! ein abgerißnes Blatt
Aus dieser Blume schönem Kelch verschenken?
Ich selbst des Weibes hohe Majestät,
Der Gottheit großes Meisterstück, vestümmeln,
Den Abend eines Prassers zu versüßen?

CARLOS.
(Unglaublich! Wie? ein solches Mädchen hatte
Madrid, und ich – und ich erfahr es heute
Zum erstenmal?)

PRINZESSIN.
Längst hätt ich diesen Hof
Verlassen, diese Welt verlassen, hätte
In heilgen Mauern mich begraben; doch
Ein einzig Band ist noch zurück, ein Band,
Das mich an diese Welt allmächtig bindet.
Ach, ein Phantom vielleicht! doch mir so wert!
Ich liebe und bin – nicht geliebt.

CARLOS *voll Feuer auf sie zugehend.*
Sie sinds!
So wahr ein Gott im Himmel wohnt. Ich schwör es.
Sie sinds, und unaussprechlich.

PRINZESSIN.
Sie? Sie schwörens?

O, das war meines Engels Stimme! Ja,
Wenn freilich Sie es schwören, Karl, dann glaub ichs,
Dann bin ichs.

CARLOS *der sie voll Zärtlichkeit in die Arme schließt.*
Süßes, seelenvolles Mädchen!
Anbetungswürdiges Geschöpf! – Ich stehe
Ganz Ohr – ganz Auge – ganz Entzücken – ganz
Bewunderung. – Wer hätte dich gesehn,
Wer unter diesem Himmel dich gesehn
Und rühmte sich – er habe nie geliebt? –
Doch hier an König Philipps Hof? Was hier?
Was, schöner Engel, willst du hier? bei Pfaffen
Und Pfaffenzucht? Das ist kein Himmelsstrich
Für solche Blumen. – Möchten sie sie brechen?
Sie möchten – o, ich glaub es gern. – Doch nein!
So wahr ich Leben atme, nein! – Ich schlinge
Den Arm um dich, auf meinen Armen trag ich
Durch eine teufelvolle Hölle dich!
Ja – laß mich deinen Engel sein. –

PRINZESSIN *mit dem vollen Blicke der Liebe.*
O Carlos!
Wie wenig hab ich Sie gekannt! Wie reich
Und grenzenlos belohnt Ihr schönes Herz
Die schwere Müh, es zu begreifen!

Sie nimmt seine Hand und will sie küssen.

CARLOS *der sie zurückzieht.*
Fürstin,
Wo sind Sie jetzt?

PRINZESSIN *mit Feinheit und Grazie, indem sie starr in seine Hand sieht.*
Wie schön ist diese Hand!
Wie reich ist sie! – Prinz, diese Hand hat noch
Zwei kostbare Geschenke zu vergeben –
Ein Diadem und Carlos' Herz – und beides
Vielleicht an eine Sterbliche? – An eine?
Ein großes, göttliches Geschenk! – Beinahe

Für eine Sterbliche zu groß! – Wie, Prinz?
Wenn Sie zu einer Teilung sich entschlössen?
Die Königinnen lieben schlecht – ein Weib,
Das lieben kann, versteht sich schlecht auf Kronen:
Drum besser, Prinz, Sie teilen, und gleich jetzt,
Gleich jetzt – Wie? Oder hätten Sie wohl schon?
Sie hätten wirklich? O, dann um so besser!
Und kenn ich diese Glückliche?

CARLOS.
Du sollst.
Dir, Mädchen, dir entdeck ich mich – der Unschuld,
Der lautern, unentheiligten Natur
Entdeck ich mich. An diesem Hof bist du
Die Würdigste, die Einzige, die Erste,
Die meine Seele ganz versteht. – Ja denn!
Ich leugn es nicht – ich liebe!

PRINZESSIN.
Böser Mensch!
So schwer ist das Geständnis dir geworden?
Beweinenswürdig mußt ich sein, wenn du
Mich liebenswürdig finden solltest?

CARLOS *stutzt.*
Was?
Was ist das?

PRINZESSIN.
Solches Spiel mit mir zu treiben!
O wahrlich, Prinz, es war nicht schön. Sogar
Den Schlüssel zu verleugnen!

CARLOS.
Schlüssel! Schlüssel!

Nach einem dumpfen Besinnen.

Ja so – so wars. – Nun merk ich – – O mein Gott!

*Seine Knie wanken, er hält sich an einen Stuhl und verhüllt das
Gesicht.*

PRINZESSIN *eine lange Stille von beiden Seiten. Die Fürstin schreit laut und fällt.*
Abscheulich! Was hab ich getan?

CARLOS *sich aufrichtend, im Ausbruch des heftigsten Schmerzes.*
So tief
Herabgestürzt von allen meinen Himmeln! –
O das ist schrecklich!

PRINZESSIN *das Gesicht in das Kissen verbergend.*
Was entdeck ich? Gott!

CARLOS *vor ihr niedergeworfen.*
Ich bin nicht schuldig, Fürstin – Leidenschaft –
Ein unglückselger Mißverstand – Bei Gott!
Ich bin nicht schuldig.

PRINZESSIN *stößt ihn von sich.*
Weg aus meinen Augen,
Um Gottes willen –

CARLOS.
Nimmermehr! In dieser
Entsetzlichen Erschüttrung Sie verlassen?

PRINZESSIN *ihn mit Gewalt wegdrängend.*
Aus Großmut, aus Barmherzigkeit, hinaus
Von meinen Augen! – Wollen Sie mich morden?
Ich hasse Ihren Anblick!

Carlos will gehen.

Meinen Brief
Und meinen Schlüssel geben Sie mir wieder.
Wo haben Sie den andern Brief?

CARLOS.
Den andern?
Was denn für einen andern?

PRINZESSIN.
Den vom König.

CARLOS *zusammenschreckend.*
Von wem?

PRINZESSIN.
Den Sie vorhin von mir bekamen.

CARLOS.
Vom König? und an wen? an Sie?

PRINZESSIN.
O Himmel!
Wie schrecklich hab ich mich verstrickt! Den Brief!
Heraus damit! ich muß ihn wiederhaben.

CARLOS.
Vom König Briefe, und an Sie?

PRINZESSIN.
Den Brief!
Im Namen aller Heiligen!

CARLOS.
Der einen
Gewissen mir entlarven sollte – diesen?

PRINZESSIN.
Ich bin des Todes! – Geben Sie!

CARLOS.
Der Brief –

PRINZESSIN *in Verzweiflung die Hände ringend.*
Was hab ich Unbesonnene gewagt?

CARLOS.
Der Brief – der kam vom König? – Ja, Prinzessin,
Das ändert freilich alles schnell. – Das ist

Den Brief frohlockend emporhaltend.

Ein unschätzbarer – schwerer – teurer Brief,
Den alle Kronen Philipps einzulösen
Zu leicht, zu nichtsbedeutend sind. – Den Brief
Behalt ich.

Er geht.

PRINZESSIN *wirft sich ihm in den Weg.*
Großer Gott, ich bin verloren!

Neunter Auftritt

Die Prinzessin allein.

Sie steht noch betäubt, außer Fassung; nachdem er hinaus ist, eilt sie ihm nach und will ihn zurückrufen.

PRINZESSIN.
Prinz, noch ein Wort! Prinz, hören Sie! – Er geht!
Auch das noch! Er verachtet mich. – Da steh ich
In fürchterlicher Einsamkeit – verstoßen,
Verworfen –
Sie sinkt auf einen Sessel. Nach einer Pause.
Nein! Verdrungen nur, verdrungen
Von einer Nebenbuhlerin. Er liebt.
Kein Zweifel mehr. Er hat es selbst bekannt.
Doch wer ist diese Glückliche? – Soviel
Ist offenbar – er liebt, was er nicht sollte.
Er fürchtet die Entdeckung. Vor dem König
Verkriecht sich seine Leidenschaft – Warum
Vor diesem, der sie wünschte? – Oder ists
Der Vater nicht, was er im Vater fürchtet?
Als ihm des Königs buhlerische Absicht
Verraten war – da jauchzten seine Mienen,
Frohlockt' er wie ein Glücklicher... Wie kam es,
Daß seine strenge Tugend hier verstummte?
Hier? Eben hier? – Was kann denn er dabei,
Er zu gewinnen haben, wenn der König
Der Königin die –
Sie hält plötzlich ein, von einem Gedanken überrascht. – Zu gleicher Zeit reißt sie die Schleife, die ihr Carlos gegeben hat, von dem Busen, betrachtet sie schnell und erkennt sie.

O, ich Rasende!
Jetzt endlich, jetzt – Wo waren meine Sinne?
Jetzt gehen mir die Augen auf – Sie hatten
Sich lang geliebt, eh der Monarch sie wählte.
Nie ohne sie sah mich der Prinz. – Sie also,
Sie war gemeint, wo ich so grenzenlos,

So warm, so wahr mich angebetet glaubte?
O, ein Betrug, der ohne Beispiel ist!
Und meine Schwäche hab ich ihr verraten –
Stillschweigen.
Daß er ganz ohne Hoffnung lieben sollte!
Ich kanns nicht glauben. – Hoffnungslose Liebe
Besteht in diesem Kampfe nicht. Zu schwelgen,
Wo unerhört der glänzendste Monarch
Der Erde schmachtet – Wahrlich! solche Opfer
Bringt hoffnungslose Liebe nicht. Wie feurig
War nicht sein Kuß! Wie zärtlich drückt er mich,
Wie zärtlich an sein schlagend Herz! – Die Probe
War fast zu kühn für die romantsche Treue,
Die nicht erwidert werden soll – Er nimmt
Den Schlüssel an, den, wie er sich beredet,
Die Königin ihm zugeschickt – er glaubt
An diesen Riesenschritt der Liebe – kommt,
Kommt wahrlich, kommt! – So traut er Philipps Frau
Die rasende Entschließung zu. – Wie kann er,
Wenn hier nicht große Proben ihn ermuntern?
Es ist am Tag. Er wird erhört. Sie liebt!
Beim Himmel, diese Heilige empfindet!
Wie fein ist sie!... Ich zitterte, ich selbst,
Vor dem erhabnen Schreckbild dieser Tugend.
Ein höhres Wesen ragt sie neben mir,
In ihrem Glanz erlösch ich. Ihrer Schönheit
Mißgönnt ich diese hohe Ruhe, frei
Von jeder Wallung sterblicher Naturen.
Und diese Ruhe war nur Schein? Sie hätte
An beiden Tafeln schwelgen wollen? Hätte
Den Götterschein der Tugend schaugetragen
Und doch zugleich des Lasters heimliche
Entzückungen zu naschen sich erdreistet?
Das durfte sie? Das sollte ungerochen
Der Gauklerin gelungen sein? Gelungen,
Weil sich kein Rächer meldet? – Nein, bei Gott!
Ich betete sie an – Das fordert Rache!

Der König wisse den Betrug – Der König?

Nach einigem Besinnen.

Ja, recht – das ist ein Weg zu seinem Ohre.

Sie geht ab.

Ein Zimmer im königlichen Palaste.

Zehnter Auftritt

Herzog von Alba. Pater Domingo.

DOMINGO.
Was wollten Sie mir sagen?

ALBA.
Eine wichtge
Entdeckung, die ich heut gemacht, worüber
Ich einen Aufschluß haben möchte.

DOMINGO.
Welche
Entdeckung? Wovon reden Sie?

ALBA.
Prinz Carlos
Und ich begegnen diesen Mittag uns
Im Vorgemach der Königin. Ich werde
Beleidigt. Wir erhitzen uns. Der Streit
Wird etwas laut. Wir greifen zu den Schwertern.
Die Königin auf das Getöse öffnet
Das Zimmer, wirft sich zwischen uns und sieht
Mit einem Blick despotischer Vertrautheit
Den Prinzen an. – Es war ein einzger Blick. –
Sein Arm erstarrt – er fliegt an meinen Hals –
Ich fühle einen heißen Kuß – er ist
Verschwunden.

DOMINGO *nach einigem Stillschweigen.*
Das ist sehr verdächtig. – Herzog,

Sie mahnen mich an etwas. – – Ähnliche
Gedanken, ich gesteh es, keimten längst
In meiner Brust. – Ich flohe diese Träume –
Noch hab ich niemand sie vertraut. – Es gibt
Zweischneidge Klingen, ungewisse Freunde –
Ich fürchte diese. Schwer zu unterscheiden,
Noch schwerer zu ergründen sind die Menschen.
Entwischte Worte sind beleidigte
Vertraute – drum begrub ich mein Geheimnis,
Bis es die Zeit ans Licht hervorgewälzt.
Gewisse Dienste Königen zu leisten,
Ist mißlich, Herzog – ein gewagter Wurf,
Der, fehlt er seine Beute, auf den Schützen
Zurücke prallt. – Ich wollte, was ich sage,
Auf eine Hostie beschwören – doch
Ein Augenzeugnis, ein erhaschtes Wort,
Ein Blatt Papier fällt schwerer in die Waage
Als mein lebendigstes Gefühl. – Verwünscht,
Daß wir auf span'schem Boden stehn!

ALBA.
Warum
Auf diesem nicht?

DOMINGO.
An jedem andern Hofe
Kann sich die Leidenschaft vergessen. Hier
Wird sie gewarnt von ängstlichen Gesetzen.
Die span'schen Königinnen haben Müh
Zu sündigen – ich glaub es – doch zum Unglück
Nur da – gerade da nur, wo es uns
Am besten glückte, sie zu überraschen.

ALBA.
Hören Sie weiter – Carlos hatte heut
Gehör beim König. Eine Stunde währte
Die Audienz. Er bat um die Verwaltung
Der Niederlande. Laut und heftig bat er;
Ich hört es in dem Kabinett. Sein Auge
War rot geweint, als ich ihm an der Türe

Begegnete. Den Mittag drauf erscheint er
Mit einer Miene des Triumphs. Er ist
Entzückt, daß mich der König vorgezogen
Er dankt es ihm. Die Sachen stehen anders,
Sagt er, und besser. Heucheln konnt er nie.
Wie soll ich diese Widersprüche reimen?
Der Prinz frohlockt, hintangesetzt zu sein,
Und mir erteilt der König eine Gnade
Mit allen Zeichen seines Zorns! – Was muß
Ich glauben? Wahrlich, diese neue Würde
Sieht einer Landsverweisung ähnlicher
Als einer Gnade.

DOMINGO.
Dahin also wär es
Gekommen? Dahin? Und ein Augenblick
Zertrümmerte, was wir in Jahren bauten? –
Und Sie so ruhig? so gelassen. – Kennen
Sie diesen Jüngling? Ahnden Sie, was uns
Erwartet, wenn er mächtig wird? – Der Prinz –
– Ich bin sein Feind nicht. Andre Sorgen nagen
An meiner Ruhe, Sorgen für den Thron,
Für Gott und seine Kirche. – Der Infant
(Ich kenn ihn – ich durchdringe seine Seele)
Hegt einen schrecklichen Entwurf – Toledo –
Den rasenden Entwurf, Regent zu sein
Und unsern heilgen Glauben zu entbehren. –
Sein Herz entglüht für eine neue Tugend,
Die, stolz und sicher und sich selbst genug,
Von keinem Glauben betteln will. – Er denkt!
Sein Kopf entbrennt von einer seltsamen
Chimäre – er verehrt den Menschen – Herzog,
Ob er zu unserm König taugt?

ALBA.
Phantomen!
Was sonst? Vielleicht auch jugendlicher Stolz,
Der eine Rolle spielen möchte. – Bleibt
Ihm eine andre Wahl? Das geht vorbei,

Trifft ihn einmal die Reihe zu befehlen.

DOMINGO.
Ich zweifle. – Er ist stolz auf seine Freiheit,
Des Zwanges ungewohnt, womit man Zwang
Zu kaufen sich bequemen muß. – Taugt er
Auf unsern Thron? Der kühne Riesengeist
Wird unsrer Staatskunst Linien durchreißen.
Umsonst versucht ichs, diesen trotzgen Mut
In dieser Zeiten Wollust abzumatten;
Er überstand die Probe- Schrecklich ist
In diesem Körper dieser Geist – und Philipp
Wird sechzig Jahr alt.

ALBA.
Ihre Blicke reichen
Sehr weit.

DOMINGO.
Er und die Königin sind eins.
Schon schleicht, verborgen zwar, in beider Brust
Das Gift der Neuerer; doch bald genug,
Gewinnt es Raum, wird es den Thron ergreifen.
Ich kenne diese Valois. – Fürchten wir
Die ganze Rache dieser stillen Feindin,
Wenn Philipp Schwächen sich erlaubt. Noch ist
Das Glück uns günstig. Kommen wir zuvor.
In eine Schlinge stürzen beide. – Jetzt
Ein solcher Wink dem Könige gegeben,
Bewiesen oder nicht bewiesen – viel
Ist schon gewonnen, wenn er wankt. Wir selbst,
Wir zweifeln beide nicht. Zu überzeugen
Fällt keinem Überzeugten schwer. Es kann
Nicht fehlen, wir entdecken mehr, sind wir
Vorher gewiß, daß wir entdecken müssen.

ALBA.
Doch nun die wichtigste von allen Fragen!
Wer nimmts auf sich, den König zu belehren?

DOMINGO.
Noch Sie, noch ich. Erfahren Sie also,
Was lange schon, des großen Planes voll,
Mein stiller Fleiß dem Ziele zugetrieben.
Noch mangelt, unser Bündnis zu vollenden,
Die dritte, wichtigste Person – Der König
Liebt die Prinzessin Eboli. Ich nähre
Die Leidenschaft, die meinen Wünschen wuchert.
Ich bin sein Abgesandter – unserm Plane
Erzieh ich sie. – In dieser jungen Dame,
Gelingt mein Werk, soll eine Bundsverwandtin,
Soll eine Königin uns blühn. Sie selbst
Hat jetzt in dieses Zimmer mich berufen.
Ich hoffe alles. – Jene Lilien
Von Valois zerknickt ein span'sches Mädchen
Vielleicht in einer Mitternacht.
ALBA.
Was hör ich?
Ists Wahrheit, was ich jetzt gehört? – Beim Himmel!
Das überrascht mich! Ja, der Streich vollendet!
Dominikaner, ich bewundre dich.
Jetzt haben wir gewonnen –
DOMINGO.
Still! Wer kommt? –
Sie ists – sie selbst.
ALBA.
Ich bin im nächsten Zimmer,
Wenn man –
DOMINGO.
Schon recht. Ich rufe Sie.
Der Herzog von Alba geht ab.

Eilfter Auftritt

Die Prinzessin. Domingo.

DOMINGO.
Zu Ihren
Befehlen, gnädge Fürstin.

PRINZESSIN *dem Herzog neugierig nachsehend.*
Sind wir etwa
Nicht ganz allein? Sie haben, wie ich sehe,
Noch einen Zeugen bei sich?

DOMINGO.
Wie?

PRINZESSIN.
Wer war es,
Der eben jetzt von Ihnen ging?

DOMINGO.
Der Herzog
Von Alba, gnädge Fürstin, der nach mir
Um die Erlaubnis bittet, vorgelassen
Zu werden.

PRINZESSIN.
Herzog Alba? Was will der?
Was kann er wollen? Wissen Sie vielleicht
Es mir zu sagen?

DOMINGO.
Ich? und eh ich weiß,
Was für ein Vorfall von Bedeutung mir
Das lang entbehrte Glück verschafft, der Fürstin
Von Eboli mich wiederum zu nähern?

Pause, worin er ihre Antwort erwartet.

Ob sich ein Umstand endlich vorgefunden,
Der für des Königs Wünsche spricht? ob ich
Mit Grund gehofft, daß beßre Überlegung
Mit einem Anerbieten Sie versöhnt,
Das Eigensinn, das Laune bloß verworfen?

Ich komme voll Erwartung –

PRINZESSIN.
Brachten Sie
Dem König meine letzte Antwort?

DOMINGO.
Noch
Verschob ichs, ihn so tödlich zu verwunden.
Noch, gnädge Fürstin, ist es Zeit. Es steht
Bei Ihnen, sie zu mildern.

PRINZESSIN.
Melden Sie
Dem König, daß ich ihn erwarte.

DOMINGO.
Darf
Ich das für Wahrheit nehmen, schöne Fürstin?

PRINZESSIN.
Für Scherz doch nicht? Bei Gott! Sie machen mir
Ganz bange. – Wie? Was hab ich denn getan,
Wenn sogar Sie – Sie selber sich entfärben?

DOMINGO.
Prinzessin, diese Überraschung – kaum
Kann ich es fassen –

PRINZESSIN.
Ja, hochwürdger Herr,
Das sollen Sie auch nicht. Um alle Güter
Der Welt möcht ich nicht haben, daß Sies faßten.
Genug für Sie, daß es so ist. Ersparen
Sie sich die Mühe, zu ergrübeln, wessen
Beredsamkeit Sie diese Wendung danken.
Zu Ihrem Trost setz ich hinzu: Sie haben
Nicht teil an dieser Sünde. Auch wahrhaftig
Die Kirche nicht; obschon Sie mir bewiesen,
Daß Fälle möglich wären, wo die Kirche
Sogar die Körper ihrer jungen Töchter
Für höhre Zwecke zu gebrauchen wüßte.

Auch diese nicht. – Dergleichen fromme Gründe,
Ehrwürdger Herr, sind mir zu hoch –

DOMINGO.
Sehr gerne,
Prinzessin, nehm ich sie zurück, sobald
Sie überflüssig waren.

PRINZESSIN.
Bitten Sie
Von meinetwegen den Monarchen, ja
In dieser Handlung mich nicht zu verkennen.
Was ich gewesen, bin ich noch. Die Lage
Der Dinge nur hat seitdem sich verwandelt.
Als ich sein Anerbieten mit Entrüstung
Zurücke stieß, da glaubt ich im Besitze
Der schönsten Königin ihn glücklich – glaubte
Die treue Gattin meines Opfers wert.
Das glaubt ich damals – damals. Freilich jetzt,
Jetzt weiß ichs besser.

DOMINGO.
Fürstin, weiter, weiter.
Ich hör es, wir verstehen uns.

PRINZESSIN.
Genug,
Sie ist erhascht. Ich schone sie nicht länger.
Die schlaue Diebin ist erhascht. Den König,
Ganz Spanien und mich hat sie betrogen.
Sie liebt. Ich weiß es, daß sie liebt. Ich bringe
Beweise, die sie zittern machen sollen.
Der König ist betrogen – doch, bei Gott!
Er sei es ungerochen nicht! Die Larve
Erhabner, übermenschlicher Entsagung
Reiß ich ihr ab, daß alle Welt die Stirne
Der Sünderin erkennen soll. Es kostet
Mir einen ungeheuren Preis, doch – das
Entzückt mich, das ist mein Triumph – doch ihr
Noch einen größern.

DOMINGO.
Nun ist alles reif.
Erlauben Sie, daß ich den Herzog rufe.

Er geht hinaus.

PRINZESSIN *erstaunt.*
Was wird das?

Zwölfter Auftritt

Die Prinzessin. Herzog Alba. Domingo.

DOMINGO *der den Herzog hereinführt.*
Unsre Nachricht, Herzog Alba,
Kommt hier zu spät. Die Fürstin Eboli
Entdeckt uns ein Geheimnis, das sie eben
Von uns erfahren sollte.

ALBA.
Mein Besuch
Wird dann um so viel minder sie befremden.
Ich traue meinen Augen nicht. Dergleichen
Entdeckungen verlangen Weiberblicke.

PRINZESSIN.
Sie sprechen von Entdeckungen? –

DOMINGO.
Wir wünschten
Zu wissen, gnädge Fürstin, welchen Ort
Und welche beßre Stunde Sie –

PRINZESSIN.
Auch das!
So will ich morgen mittag Sie erwarten.
Ich habe Gründe, dieses strafbare
Geheimnis länger nicht zu bergen – es
Nicht länger mehr dem König zu entziehn.

ALBA.
Das war es, was mich hergeführt. Sogleich
Muß der Monarch es wissen. Und durch Sie,

Durch Sie, Prinzessin, muß er das. Wem sonst,
Wem sollt er lieber glauben als der strengen,
Der wachsamen Gespielin seines Weibes?

DOMINGO.
Wem mehr als Ihnen, die, sobald sie will,
Ihn unumschränkt beherrschen kann?

ALBA.
Ich bin
Erklärter Feind des Prinzen.

DOMINGO.
Eben das
Ist man gewohnt, von mir vorauszusetzen.
Die Fürstin Eboli ist frei. Wo wir
Verstummen müssen, zwingen Pflichten Sie
Zu reden, Pflichten Ihres Amts. Der König
Entflieht uns nicht, wenn Ihre Winke wirken,
Und dann vollenden wir das Werk.

ALBA.
Doch bald,
Gleich jetzt muß das geschehn. Die Augenblicke
Sind kostbar. Jede nächste Stunde kann
Mir den Befehl zum Abmarsch bringen. –

DOMINGO *sich nach einigem Überlegen zur Fürstin kehrend.*
Ob
Sich Briefe finden ließen? Briefe freilich
Von dem Infanten, aufgefangen, müßten
Hier Wirkung tun. – Laß sehen. – Nicht wahr? – Ja.
Sie schlafen doch – so deucht mir – in demselben
Gemache mit der Königin?

PRINZESSIN.
Zunächst
An diesem. – Doch was soll mir das?

DOMINGO.
Wer sich
Auf Schlösser gut verstände! – Haben Sie

Bemerkt, wo sie den Schlüssel zur Schatulle
Gewöhnlich zu bewahren pflegt?

PRINZESSIN *nachdenkend.*
Das könnte
Zu etwas führen. – Ja – der Schlüssel wäre
Zu finden, denk ich. –

DOMINGO.
Briefe wollen Boten – –
Der Königin Gefolg ist groß. – – Wer hier
Auf eine Spur geraten könnte! – – Gold
Vermag zwar viel –

ALBA.
Hat niemand wahrgenommen,
Ob der Infant Vertraute hat?

DOMINGO.
Nicht einen,
In ganz Madrid nicht einen.

ALBA.
Das ist seltsam.

DOMINGO.
Das dürfen Sie mir glauben. Er verachtet
Den ganzen Hof; ich habe meine Proben.

ALBA.
Doch wie? Hier eben fällt mir ein, als ich
Von dem Gemach der Königin herauskam,
Stand der Infant bei einem ihrer Pagen;
Sie sprachen heimlich –

PRINZESSIN *rasch einfallend.*
Nicht doch, nein! Das war –
Das war von etwas anderm.

DOMINGO.
Können wir
Das wissen? – Nein, der Umstand ist verdächtig. –

Zum Herzog.

Und kannten Sie den Pagen?

PRINZESSIN.
Kinderpossen!
Was wirds auch sonst gewesen sein? Genug,
Ich kenne das. – Wir sehn uns also wieder,
Eh ich den König spreche. – Unterdessen
Entdeckt sich viel.

DOMINGO *sie auf die Seite führend.*
Und der Monarch darf hoffen?
Ich darf es ihm verkündigen? Gewiß?
Und welche schöne Stunde seinen Wünschen
Erfüllung endlich bringen wird? Auch dies?

PRINZESSIN.
In eingen Tagen werd ich krank; man trennt mich
Von der Person der Königin – das ist
An unserm Hofe Sitte, wie Sie wissen.
Ich bleibe dann auf meinem Zimmer.

DOMINGO.
Glücklich!
Gewonnen ist das große Spiel. Trotz sei
Geboten allen Königinnen –

PRINZESSIN.
Horch!
Man fragt nach mir – die Königin verlangt mich.
Auf Wiedersehen!

Sie eilt ab.

Dreizehnter Auftritt

Alba. Domingo.

DOMINGO *nach einer Pause, worin er die Prinzessin mit den Augen begleitet hat.*
Herzog, diese Rosen
Und Ihre Schlachten

LBA.

Und dein Gott – so will ich
Den Blitz erwarten, der uns stürzen soll!

Sie gehen ab.

In einem Kartäuserkloster.

Vierzehnter Auftritt

Don Carlos. Der Prior.

CARLOS *zum Prior, indem er hereintritt.*
Schon dagewesen also? – Das beklag ich.

PRIOR.
Seit heute morgen schon das dritte Mal.
Vor einer Stunde ging er weg –

CARLOS.
Er will
Doch wiederkommen? Hinterließ er nicht?

PRIOR.
Vor Mittag noch, versprach er.

CARLOS *an ein Fenster und sich in der Gegend umsehend.*
Euer Kloster
Liegt weit ab von der Straße. – Dorthin zu
Sieht man noch Türme von Madrid. – Ganz recht,
Und hier fließt der Mansanares – Die Landschaft
Ist, wie ich sie mir wünsche. – Alles ist
Hier still, wie ein Geheimnis.

PRIOR.
Wie der Eintritt
Ins andre Leben.

CARLOS.
Eurer Redlichkeit,
Hochwürdger Herr, hab ich mein Kostbarstes,
Mein Heiligstes vertraut. Kein Sterblicher
Darf wissen oder nur vermuten, wen
Ich hier gesprochen und geheim. Ich habe
Sehr wichtge Gründe, vor der ganzen Welt

Den Mann, den ich erwarte, zu verleugnen:
Drum wählt ich dieses Kloster. Vor Verrätern,
Vor Überfall sind wir doch sicher? Ihr
Besinnt Euch doch, was Ihr mir zugeschworen?

PRIOR.
Vertrauen Sie uns, gnädger Herr. Der Argwohn
Der Könige wird Gräber nicht durchsuchen.
Das Ohr der Neugier liegt nur an den Türen
Des Glückes und der Leidenschaft. Die Welt
Hört auf in diesen Mauern.

CARLOS.
Denkt Ihr etwa,
Daß hinter diese Vorsicht, diese Furcht
Ein schuldiges Gewissen sich verkrieche?

PRIOR.
Ich denke nichts.

CARLOS.
Ihr irrt Euch, frommer Vater,
Ihr irrt Euch wahrlich. Mein Geheimnis zittert
Vor Menschen, aber nicht vor Gott.

PRIOR.
Mein Sohn,
Das kümmert uns sehr wenig. Diese Freistatt
Steht dem Verbrechen offen wie der Unschuld.
Ob, was du vorhast, gut ist oder übel,
Rechtschaffen oder lasterhaft – das mache
Mit deinem eignen Herzen aus.

CARLOS *mit Wärme.*
Was wir
Verheimlichen, kann euern Gott nicht schänden.
Es ist sein eignes, schönstes Werk. – Zwar Euch,
Euch kann ichs wohl entdecken.

PRIOR.
Zu was Ende?
Erlassen Sie mirs, lieber Prinz. Die Welt

Und ihr Geräte liegt schon lange Zeit
Versiegelt da auf jene große Reise.
Wozu die kurze Frist vor meinem Abschied
Noch einmal es erbrechen? – Es ist wenig,
Was man zur Seligkeit bedarf – Die Glocke
Zur Hora lautet. Ich muß beten gehn.

Der Prior geht ab.

Funfzehnter Auftritt

Don Carlos. Der Marquis von Posa tritt herein.

CARLOS.
Ach, endlich einmal, endlich –

MARQUIS.
Welche Prüfung
Für eines Freundes Ungeduld! Die Sonne
Ging zweimal auf und zweimal unter, seit
Das Schicksal meines Carlos sich entschieden,
Und jetzt, erst jetzt werd ich es hören. – Sprich,
Ihr seid versöhnt?

CARLOS.
Wer?

MARQUIS.
Du und König Philipp;
Und auch mit Flandern ists entschieden?

CARLOS.
Daß
Der Herzog morgen dahin reist? – Das ist
Entschieden, ja.

MARQUIS.
Das kann nicht sein. Das ist nicht.
Soll ganz Madrid belogen sein? Du hattest
Geheime Audienz, sagt man. Der König –

CARLOS.
Blieb unbewegt. Wir sind getrennt auf immer,

Und mehr, als wirs schon waren –

MARQUIS.
Du gehst nicht
Nach Flandern?

CARLOS.
Nein! Nein! Nein!

MARQUIS.
O meine Hoffnung!

CARLOS.
Das nebenbei. O Roderich, seitdem
Wir uns verließen, was hab ich erlebt!
Doch jetzt vor allem deinen Rat! Ich muß
Sie sprechen –

MARQUIS.
Deine Mutter? – Nein! – Wozu?

CARLOS.
Ich habe Hoffnung. – Du wirst blaß? Sei ruhig.
Ich soll und werde glücklich sein. – Doch davon
Ein andermal. Jetzt schaffe Rat, wie ich
Sie sprechen kann. –

MARQUIS.
Was soll das? Worauf gründet
Sich dieser neue Fiebertraum?

CARLOS.
Nicht Traum!
Beim wundervollen Gott nicht! – Wahrheit, Wahrheit!

Den Brief des Königs an die Fürstin Eboli hervorziehend.

In diesem wichtigen Papier enthalten!
Die Königin ist frei, vor Menschenaugen,
Wie vor des Himmels Augen frei. Da lies
Und höre auf, dich zu verwundern.

MARQUIS *den Brief eröffnend.*
Was?
Was seh ich? Eigenhändig vom Monarchen?

Nachdem er ihn gelesen.
An wen ist dieser Brief?

CARLOS.
An die Prinzessin
Von Eboli. – Vorgestern bringt ein Page
Der Königin von unbekannten Händen
Mir einen Brief und einen Schlüssel. Man
Bezeichnet mir im linken Flügel des
Palastes, den die Königin bewohnt,
Ein Kabinett, wo eine Dame mich
Erwarte, die ich längst geliebt. Ich folge
Sogleich dem Winke –

MARQUIS.
Rasender, du folgst?

CARLOS.
Ich kenne ja die Handschrift nicht – Ich kenne
Nur eine solche Dame. Wer als sie
Wird sich von Carlos angebetet wähnen?
Voll süßen Schwindels flieg ich nach dem Platze;
Ein göttlicher Gesang, der aus dem Innern
Des Zimmers mir entgegenschallt, dient mir
Zum Führer – ich eröffne das Gemach –
Und wen entdeck ich? – Fühle mein Entsetzen!

MARQUIS.
O, ich errate alles.

CARLOS.
Ohne Rettung
War ich verloren, Roderich, wär ich
In eines Engels Hände nicht gefallen.
Welch unglückselger Zufall! Hintergangen
Von meiner Blicke unvorsichtger Sprache,
Gab sie der süßen Täuschung sich dahin,
Sie selber sei der Abgott dieser Blicke.
Gerührt von meiner Seele stillen Leiden,
Beredet sich großmütig-unbesonnen
Ihr weiches Herz, mir Liebe zu erwidern.

Die Ehrfurcht schien mir Schweigen zu gebieten;
Sie hat die Kühnheit, es zu brechen – offen
Liegt ihre schöne Seele mir –

MARQUIS.

So ruhig
Erzählst du das? – Die Fürstin Eboli
Durschaute dich. Kein Zweifel mehr, sie drang
In deiner Liebe innerstes Geheimnis.
Du hast sie schwer beleidigt. Sie beherrscht
Den König.

CARLOS *zuversichtlich.*

Sie ist tugendhaft.

MARQUIS.

Sie ists
Aus Eigennutz der Liebe. – Diese Tugend,
Ich fürchte sehr, ich kenne sie – wie wenig
Reicht sie empor zu jenem Ideale,
Das aus der Seele mütterlichem Boden,
In stolzer, schöner Grazie empfangen,
Freiwillig sproßt und ohne Gärtners Hülfe
Verschwenderische Blüten treibt! Es ist
Ein fremder Zweig, mit nachgeahmtem Süd
In einem rauhern Himmelsstrich getrieben;
Erziehung, Grundsatz, nenn es, wie du willst,
Erworbne Unschuld, dem erhitzten Blut
Durch List und schwere Kämpfe abgerungen,
Dem Himmel, der sie fordert und bezahlt,
Gewissenhaft sorgfältig angeschrieben.
Erwäge selbst! Wird sie der Königin
Es je vergeben können, daß ein Mann
An ihrer eignen, schwer erkämpften Tugend
Vorüberging, sich für Don Philipps Frau
In hoffnungslosen Flammen zu verzehren?

CARLOS.

Kennst du die Fürstin so genau?

MARQUIS.
Gewiß nicht.
Kaum daß ich zweimal sie gesehn. Doch nur
Ein Wort laß mich noch sagen: Mir kam vor,
Daß sie geschickt des Lasters Blößen mied,
Daß sie sehr gut um ihre Tugend wußte.
Dann sah ich auch die Königin. O Karl,
Wie anders alles, was ich hier bemerkte!
In angeborner stiller Glorie,
Mit sorgenlosem Leichtsinn, mit des Anstands
Schulmäßiger Berechnung unbekannt,
Gleich ferne von Verwegenheit und Furcht,
Mit festem Heldenschritte wandelt sie
Die schmale Mittelbahn des Schicklichen,
Unwissend, daß sie Anbetung erzwungen,
Wo sie von eignem Beifall nie geträumt.
Erkennt mein Karl auch hier in diesem Spiegel,
Auch jetzt noch seine Eboli? – Die Fürstin
Blieb standhaft, weil sie liebte; Liebe war
In ihre Tugend wörtlich einbedungen.
Du hast sie nicht belohnt – sie fällt.

CARLOS *mit einiger Heftigkeit.*
Nein! Nein!

Nachdem er heftig auf und nieder gegangen.

Nein, sag ich dir. – O wüßte Roderich,
Wie trefflich es ihn kleidet, seinem Karl
Der Seligkeiten göttlichste, den Glauben
An menschliche Vortrefflichkeit, zu stehlen!

MARQUIS.
Verdien ich das? – Nein, Liebling meiner Seele,
Das wollt ich nicht, bei Gott im Himmel nicht! –
O, diese Eboli – sie wär ein Engel,
Und ehrerbietig, wie du selbst, stürzt ich
Vor ihrer Glorie mich nieder, hätte
Sie – dein Geheimnis nicht erfahren.

CARLOS.
Sieh,
Wie eitel deine Furcht ist! Hat sie andre
Beweise wohl, als die sie selbst beschämen?
Wird sie der Rache trauriges Vergnügen
Mit ihrer Ehre kaufen?

MARQUIS.
Ein Erröten
Zurückzunehmen, haben manche schon
Der Schande sich geopfert.

CARLOS *mit Heftigkeit aufstehend.*
Nein, das ist
Zu hart, zu grausam! Sie ist stolz und edel;
Ich kenne sie und fürchte nichts. Umsonst
Versuchst du, meine Hoffnungen zu schrecken.
Ich spreche meine Mutter.

MARQUIS.
Jetzt? Wozu?

CARLOS.
Ich habe nun nichts mehr zu schonen – ich muß
Mein Schicksal wissen. Sorge nur, wie ich
Sie sprechen kann.

MARQUIS.
Und diesen Brief willst du
Ihr zeigen? Wirklich, willst du das?

CARLOS.
Befrage
Mich darum nicht. Das Mittel jetzt, das Mittel,
Daß ich sie spreche!

MARQUIS *mit Bedeutung.*
Sagtest du mir nicht,
Du liebtest deine Mutter? – Du bist willens,
Ihr diesen Brief zu zeigen?

Carlos sieht zur Erde und schweigt.

Karl, ich lese

In deinen Mienen etwas – mir ganz neu –
Ganz fremd bis diesen Augenblick. – Du wendest
Die Augen von mir? Warum wendest du
Die Augen von mir? So ists wahr? – Ob ich
Denn wirklich recht gelesen? Laß doch sehn –

Carlos gibt ihm den Brief. Der Marquis zerreißt ihn.

CARLOS.
Was? Bist du rasend?

Mit gemäßigter Empfindlichkeit.

Wirklich – ich gesteh es –
An diesem Briefe lag mir viel.

MARQUIS.
So schien es.
Darum zerriß ich ihn.

*Der Marquis ruht mit einem durchdringenden Blick auf dem Prinzen,
der ihn zweifelhaft ansieht. Langes Stillschweigen.*

Sprich doch – was haben
Entweihungen des königlichen Bettes
Mit deiner – deiner Liebe denn zu schaffen?
War Philipp dir gefährlich? Welches Band
Kann die verletzten Pflichten des Gemahls
Mit deinen kühnern Hoffnungen verknüpfen?
Hat er gesündigt, wo du liebst? Nun freilich
Lern ich dich fassen. O, wie schlecht hab ich
Bis jetzt auf deine Liebe mich verstanden!

CARLOS.
Wie, Roderich? Was glaubst du?

MARQUIS.
O, ich fühle,
Wovon ich mich entwöhnen muß. Ja, einst,
Einst wars ganz anders. Da warst du so reich,
So warm, so reich! Ein ganzer Weltkreis hatte
In deinem weiten Busen Raum. Das alles
Ist nun dahin, von einer Leidenschaft,
Von einem kleinen Eigennutz verschlungen.

Dein Herz ist ausgestorben. Keine Träne
Dem ungeheuern Schicksal der Provinzen,
Nicht einmal eine Träne mehr! – O Karl,
Wie arm bist du, wie bettelarm geworden,
Seitdem du niemand liebst als dich!

CARLOS *wirft sich in einen Sessel.* – *Nach einer Pause mit kaum*
unterdrücktem Weinen.
Ich weiß,
Daß du mich nicht mehr achtest.

MARQUIS.
Nicht so, Karl!
Ich kenne diese Aufwallung. Sie war
Verirrung lobenswürdiger Gefühle.
Die Königin gehörte dir, war dir
Geraubt von dem Monarchen – doch bis jetzt
Mißtrautest du bescheiden deinen Rechten.
Vielleicht war Philipp ihrer wert. Du wagtest
Nur leise noch, das Urteil ganz zu sprechen.
Der Brief entschied. Der Würdigste warst du.
Mit stolzer Freude sahst du nun das Schicksal
Der Tyrannei, des Raubes überwiesen.
Du jauchztest, der Beleidigte zu sein;
Denn Unrecht leiden schmeichelt großen Seelen.
Doch hier verirrte deine Phantasie,
Dein Stolz empfand Genugtuung – dein Herz
Versprach sich Hoffnung. Sieh, ich wußt es wohl,
Du hattest diesmal selbst dich mißverstanden.

CARLOS *gerührt.*
Nein, Roderich, du irrest sehr. Ich dachte
So edel nicht, bei weitem nicht, als du
Mich gerne glauben machen möchtest.

MARQUIS.
Bin
Ich denn so wenig hier bekannt? Sieh, Karl,
Wenn du verirrest, such ich allemal
Die Tugend unter Hunderten zu raten,

Die ich des Fehlers zeihen kann. Doch nun
Wir besser uns verstehen, seis! Du sollst
Die Königin jetzt sprechen, mußt sie sprechen. –

CARLOS *ihm um den Hals fallend.*
O, wie erröt ich neben dir!

MARQUIS.
Du hast
Mein Wort. Nun überlaß mir alles andre.
Ein wilder, kühner, glücklicher Gedanke
Steigt auf in meiner Phantasie. – Du sollst
Ihn hören, Karl, aus einem schönern Munde.
Ich dränge mich zur Königin. Vielleicht,
Daß morgen schon der Ausgang sich erwiesen.
Bis dahin, Karl, vergiß nicht, daß »ein Anschlag,
Den höhere Vernunft gebar, das Leiden
Der Menschheit drängt, zehntausendmal vereitelt,
Nie aufgegeben werden darf«. – Hörst du?
Erinnre dich an Flandern!

CARLOS.
Alles, alles,
Was du und hohe Tugend mir gebieten.

MARQUIS *geht an ein Fenster.*
Die Zeit ist um. Ich höre dein Gefolge.

Sie umarmen sich.

Jetzt wieder Kronprinz und Vasall.

CARLOS.
Du fährst
Sogleich zur Stadt?

MARQUIS.
Sogleich.

CARLOS.
Halt! noch ein Wort!
Wie leicht war das vergessen! – Eine Nachricht,
Dir äußerst wichtig: – »Briefe nach Brabant
Erbricht der König.« Sei auf deiner Hut!

Die Post des Reichs, ich weiß es, hat geheime
Befehle –

MARQUIS.
Wie erfuhrst du das?

CARLOS.
Don Raimond
Von Taxis ist mein guter Freund.

MARQUIS *nach einigem Stillschweigen.*
Auch das!
So nehmen sie den Umweg über Deutschland.

Sie gehen ab zu verschiedenen Türen.

Dritter Akt

Das Schlafzimmer des Königs.

Erster Auftritt

*Auf dem Nachttische zwei brennende Lichter. Im Hintergrunde des
Zimmers einige Pagen auf den Knien, eingeschlafen. Der König, von
oben herab halb ausgekleidet, steht vor dem Tische, einen Arm über
den Sessel gebeugt, in einer nachdenkenden Stellung. Vor ihm liegt
ein Medaillon und Papiere.*

KÖNIG.
Daß sie sonst Schwärmerin gewesen – wer
Kanns leugnen? Nie konnt ich ihr Liebe geben,
Und dennoch – schien sie Mangel je zu fühlen?
So ists erwiesen, sie ist falsch.

*Hier macht er eine Bewegung, die ihn zu sich selbst bringt. Er sieht
mit Befremdung auf.*

Wo war ich?
Wacht denn hier niemand als der König? Was?
Die Lichter schon herabgebrannt? doch nicht
Schon Tag? – Ich bin um meinen Schlummer. Nimm
Ihn für empfangen an, Natur. Ein König hat
Nicht Zeit, verlorne Nächte nachzuholen;

Jetzt bin ich wach, und Tag soll sein.

Er löscht die Lichter aus und öffnet eine Fenstergardine. – Indem er auf und nieder geht, bemerkt er die schlafenden Knaben und bleibt eine Zeitlang schweigend vor ihnen stehen; darauf zieht er die Glocke.

Schläfts irgend
Vielleicht in meinem Vorsaal auch?

Zweiter Auftritt

Der König. Graf Lerma.

LERMA *mit Bestürzung, da er den König gewahr wird.*
Befinden
Sich Ihre Majestät nicht wohl?

KÖNIG.
Im linken
Pavillon war Feuer. Hörtet Ihr
Den Lärmen nicht?

LERMA.
Nein, Ihre Majestät.

KÖNIG.
Nein? Wie? Und also hätt ich nur geträumt?
Das kann von ungefähr nicht kommen. Schläft
Auf jenem Flügel nicht die Königin?

LERMA.
Ja, Ihre Majestät.

KÖNIG.
Der Traum erschreckt mich.
Man soll die Wachen künftig dort verdoppeln,
Hört Ihr? sobald es Abend wird – doch ganz,
Ganz insgeheim. – Ich will nicht haben, daß –
Ihr prüft mich mit den Augen?

LERMA.
Ich entdecke
Ein brennend Auge, das um Schlummer bittet.

Darf ich es wagen, Ihro Majestät
An ein kostbares Leben zu erinnern,
An Völker zu erinnern, die die Spur
Durchwachter Nacht mit fürchtender Befremdung
In solchen Mienen lesen würden? – Nur
Zwei kurze Morgenstunden Schlafes –

KÖNIG *mit zerstörten Blicken.*
Schlaf?
Schlaf find ich in Eskurial. – Solange
Der König schläft, ist er um seine Krone,
Der Mann um seines Weibes Herz – Nein, nein!
Es ist Verleumdung – War es nicht ein Weib,
Ein Weib, das mir es flüsterte? Der Name
Des Weibes heißt Verleumdung. Das Verbrechen
Ist nicht gewiß, bis mirs ein Mann bekräftigt.

Zu den Pagen, welche sich unterdessen ermuntert haben.

Ruft Herzog Alba!

Pagen gehen.

Tretet näher, Graf!
Ists wahr?

Er bleibt forschend vor dem Grafen stehen.

O eines Pulses Dauer nur
Allwissenheit! – Schwört mir, ists wahr? Ich bin
Betrogen? Bin ichs? Ist es wahr?

LERMA.
Mein großer,
Mein bester König –

KÖNIG *zurückfahrend.*
König! König nur
Und wieder König! – Keine beßre Antwort
Als leeren, hohlen Widerhall? Ich schlage
An diesen Felsen und will Wasser, Wasser
Für meinen heißen Fieberdurst – er gibt
Mir glühend Gold.

LERMA.
Was wäre wahr, mein König?

KÖNIG.
Nichts. Nichts. Verlaßt mich. Geht.

Der Graf will sich entfernen, er ruft ihn noch einmal zurück.

Ihr seid vermählt?
Seid Vater? Ja?

LERMA.
Ja, Ihre Majestät.

KÖNIG.
Vermählt und könnt es wagen, eine Nacht
Bei Eurem Herrn zu wachen? Euer Haar
Ist silbergrau, und Ihr errötet nicht,
An Eures Weibes Redlichkeit zu glauben?
O, geht nach Hause. Eben trefft Ihr sie
In Eures Sohns blutschändrischer Umarmung.
Glaubt Eurem König, geht – Ihr steht bestürzt?
Ihr seht mich mit Bedeutung an? – weil ich,
Ich selber etwa graue Haare trage?
Unglücklicher, besinnt Euch. Königinnen
Beflecken ihre Tugend nicht. Ihr seid
Des Todes, wenn Ihr zweifelt –

LERMA *mit Hitze.*
Wer kann das?
In allen Staaten meines Königs, wer
Ist frech genug, mit giftigem Verdacht
Die engelreine Tugend anzuhauchen?
Die beste Königin so tief –

KÖNIG.
Die beste?
Und Eure beste also auch? Sie hat
Sehr warme Freunde um mich her, find ich.
Das muß ihr viel gekostet haben – mehr,
Als mir bekannt ist, daß sie geben kann.
Ihr seid entlassen. Laßt den Herzog kommen.

LERMA.
Schon hör ich ihn im Vorsaal –

Im Begriff zu gehen.

KÖNIG *mit gemildertem Tone.*
Graf! – Was Ihr
Vorhin bemerkt, ist doch wohl wahr gewesen.
Mein Kopf glüht von durchwachter Nacht. – Vergeßt,
Was ich im wachen Traum gesprochen. Hört Ihr?
Vergeßt es. Ich bin Euer gnädger König.

*Er reicht ihm die Hand zum Kusse. Lerma geht und öffnet dem
Herzog von Alba die Türe.*

Dritter Auftritt

Der König und Herzog von Alba.

ALBA *nähert sich dem König mit ungewisser Miene.*
Ein mir so überraschender Befehl –
Zu dieser außerordentlichen Stunde?

Er stutzt, wie er den König genauer betrachtet.

Und dieser Anblick –

KÖNIG *hat sich niedergesetzt und das Medaillon auf dem Tische
ergriffen. Er sieht den Herzog eine lange Zeit stillschweigend an.*
Also wirklich wahr?
Ich habe keinen treuen Diener?

ALBA *steht betreten still.*
Wie?

KÖNIG.
Ich bin aufs tödlichste gekränkt – man weiß es,
Und niemand, der mich warnte!

ALBA *mit einem Blick des Erstaunens.*
Eine Kränkung,
Die meinem König gilt und meinem Aug
Entging?

KÖNIG *zeigt ihm die Briefe.*
Erkennt Ihr diese Hand?

ALBA.
Es ist
Don Carlos' Hand. –

KÖNIG *Pause, worin er den Herzog scharf beobachtet.*
Vermutet Ihr noch nichts?
Ihr habt vor seinem Ehrgeiz mich gewarnt?
Wars nur sein Ehrgeiz, dieser nur, wovor
Ich zittern sollte?

ALBA.
Ehrgeiz ist ein großes –
Ein weites Wort, worin unendlich viel
Noch liegen kann.

KÖNIG.
Und wißt Ihr nichts Besonders
Mir zu entdecken?

ALBA *nach einigem Stillschweigen mit verschlossener Miene.*
Ihre Majestät
Vertrauten meiner Wachsamkeit das Reich.
Dem Reiche bin ich mein geheimstes Wissen
Und meine Einsicht schuldig. Was ich sonst
Vermute, denke oder weiß, gehört
Mir eigen zu. Es sind geheiligte
Besitzungen, die der verkaufte Sklave
Wie der Vasall den Königen der Erde
Zurückzuhalten Vorrecht hat- Nicht alles,
Was klar vor meiner Seele steht, ist reif
Genug für meinen König. Will er doch
Befriedigt sein, so muß ich bitten, nicht
Als Herr zu fragen.

KÖNIG *gibt ihm die Briefe.*
Lest.

ALBA *liest und wendet sich erschrocken gegen den König.*
Wer war

Der Rasende, dies unglückselge Blatt
In meines Königs Hand zu geben?
KÖNIG.
Was?
So wißt Ihr, wen der Inhalt meint? – Der Name
Ist, wie ich weiß, auf dem Papier vermieden.
ALBA *betroffen zurücktretend.*
Ich war zu schnell.
KÖNIG.
Ihr wißt?
ALBA *nach einigem Bedenken.*
Es ist heraus.
Mein Herr befiehlt – ich darf nicht mehr zurücke –
Ich leugn es nicht – ich kenne die Person.
KÖNIG *aufstehend in einer schrecklichen Bewegung.*
O einen neuen Tod hilf mir erdenken,
Der Rache fürchterlicher Gott! – So klar,
So weltbekannt, so laut ist das Verständnis,
Daß man, des Forschens Mühe überhoben,
Schon auf den ersten Blick es rät – Das ist
Zuviel! Das hab ich nicht gewußt! Das nicht!
Ich also bin der letzte, der es findet!
Der letzte durch mein ganzes Reich –
ALBA *wirft sich dem König zu Füßen.*
Ja, ich bekenne
Mich schuldig, gnädigster Monarch. Ich schäme
Mich einer feigen Klugheit, die mir da
zu schweigen riet, wo meines Königs Ehre,
Gerechtigkeit und Wahrheit laut genug
Zu reden mich bestürmten – Weil doch alles
Verstummen will – weil die Bezauberung
Der Schönheit aller Männer Zungen bindet,
So seis gewagt, ich rede; weiß ich gleich,
Daß eines Sohns einschmeichelnde Beteurung,
Daß die verführerischen Reizungen,
Die Tränen der Gemahlin –

KÖNIG *rasch und heftig.*
Stehet auf
Ihr habt mein königliches Wort – Steht auf.
Sprecht unerschrocken.

ALBA *aufstehend.*
Ihre Majestät
Besinnen sich vielleicht noch jenes Vorfalls
Im Garten zu Aranjuez. Sie fanden
Die Königin von allen ihren Damen
Verlassen – mit zerstörtem Blick – allein
In einer abgelegnen Laube.

KÖNIG.
Ha!
Was werd ich hören? Weiter!

ALBA.
Die Marquisin
Von Mondekar ward aus dem Reich verbannt,
Weil sie Großmut genug besaß, sich schnell
Für ihre Königin zu opfern – Jetzt
Sind wir berichtet – Die Marquisin hatte
Nicht mehr getan, als ihr befohlen worden.
Der Prinz war dort gewesen.

KÖNIG *schrecklich auffahrend.*
Dort gewesen?
Doch also –

ALBA.
Eines Mannes Spur im Sande,
Die von dem linken Eingang dieser Laube
Nach einer Grotte sich verlor, wo noch
Ein Schnupftuch lag, das der Infant vermißte,
Erweckte gleich Verdacht. Ein Gärtner hatte
Dem Prinzen dort begegnet, und das war,
Beinah auf die Minute ausgerechnet,
Dieselbe Zeit, wo Eure Majestät
Sich in der Laube zeigten.

KÖNIG *aus einem finstern Nachsinnen zurückkommend.*
Und sie weinte,
Als ich Befremdung blicken ließ! Sie machte
Vor meinem ganzen Hofe mich erröten!
Erröten vor mir selbst – Bei Gott! Ich stand
Wie ein Gerichteter vor ihrer Tugend –
Eine lange und tiefe Stille. Er setzt sich nieder und verhüllt das
Gesicht.
Ja, Herzog Alba – Ihr habt recht – Das könnte
Zu etwas Schrecklichem mich führen – Laßt
Mich einen Augenblick allein.

ALBA.
Mein König,
Selbst das entscheidet noch nicht ganz –

KÖNIG *nach den Papieren greifend.*
Auch das nicht?
Und das? Und wieder das? Und dieser laute
Zusammenklang verdammender Beweise?
O, es ist klärer als das Licht – Was ich
Schon lange Zeit vorausgewußt – Der Frevel
Begann schon da, als ich von Euern Händen
sie in Madrid zuerst empfing – Noch seh ich
Mit diesem Blick des Schreckens, geisterbleich,
Auf meinen grauen Haaren sie verweilen.
Da fing es an, das falsche Spiel!

ALBA.
Dem Prinzen
Starb eine Braut in seiner jungen Mutter.
Schon hatten sie mit Wünschen sich gewiegt,
In feurigen Empfindungen verstanden,
Die ihr der neue Stand verbot. Die Furcht
War schon besiegt, die Furcht, die sonst das erste
Geständnis zu begleiten pflegt, und kühner
Sprach die Verführung in vertrauten Bildern
Erlaubter Rückerinnerung. Verschwistert
Durch Harmonie der Meinung und der Jahre,

Durch gleichen Zwang erzürnt, gehorchten sie
Den Wallungen der Leidenschaft so dreister.
Die Politik griff ihrer Neigung vor;
Ist es zu glauben, mein Monarch, daß sie
Dem Staatsrat diese Vollmacht zuerkannte?
Daß sie die Lüsternheit bezwang, die Wahl
Des Kabinetts aufmerksamer zu prüfen?
Sie war gefaßt auf Liebe und empfing –
Ein Diadem.

KÖNIG *beleidigt und mit Bitterkeit.*
Ihr unterscheidet sehr –
Sehr weise, Herzog – Ich bewundre Eure
Beredsamkeit. Ich dank Euch.

Aufstehend, kalt und stolz.

Ihr habt recht;
Die Königin hat sehr gefehlt, mir Briefe
Von diesem Inhalt zu verbergen – mir
Die strafbare Erscheinung des Infanten
Im Garten zu verheimlichen. Sie hat
Aus falscher Großmut sehr gefehlt. Ich werde
Sie zu bestrafen wissen.

Er zieht die Glocke.

Wer ist sonst
Im Vorsaal? – Euer, Herzog Alba,
Bedarf ich nicht mehr. Tretet ab.

ALBA.
Sollt ich
Durch meinen Eifer Eurer Majestät
Zum zweitenmal mißfallen haben?

KÖNIG *zu einem Pagen, der hereintritt.*
Laßt
Domingo kommen.

Der Page geht ab.

Ich vergeb es Euch,
Daß Ihr beinahe zwei Minuten lang

Mich ein Verbrechen hättet fürchten lassen,
Das gegen Euch begangen werden kann.

Alba entfernt sich.

Vierter Auftritt

Der König. Domingo.
König geht einigemal auf und ab, sich zusammeln.

DOMINGO *tritt einige Minuten nach dem Herzog herein, nähert sich*
dem König, den er eine Zeitlang mit feierlicher Stille betrachtet.
Wie froh erstaun ich, Eure Majestät
So ruhig, so gefaßt zu sehn.
KÖNIG.
Erstaunt Ihr –
DOMINGO.
Der Vorsicht seis gedankt, daß meine Furcht
Doch also nicht gegründet war! Nun darf
Ich um so eher hoffen.
KÖNIG.
Eure Furcht?
Was war zu fürchten?
DOMINGO.
Ihre Majestät,
Ich darf nicht bergen, daß ich allbereits
Um ein Geheimnis weiß –

KÖNIG *finster.*
Hab ich denn schon
Den Wunsch geäußert, es mit Euch zu teilen?
Wer kam so unberufen mir zuvor?
Sehr kühn, bei meiner Ehre!

DOMINGO.
Mein Monarch,
Der Ort, der Anlaß, wo ich es erfahren,
Das Siegel, unter dem ich es erfahren,
Spricht wenigstens von dieser Schuld mich frei.
Am Beichtstuhl ward es mir vertraut – vertraut

Als Missetat, die das empfindliche
Gewissen der Entdeckerin belastet,
Und Gnade bei dem Himmel sucht. Zu spät
Beweint die Fürstin eine Tat, von der
Sie Ursach hat, die fürchterlichsten Folgen
Für ihre Königin zu ahnden.

KÖNIG.
Wirklich?
Das gute Herz – Ihr habt ganz recht vermutet,
Weswegen ich Euch rufen ließ. Ihr sollt
Aus diesem dunkeln Labyrinth mich führen,
Worein ein blinder Eifer mich geworfen.
Von Euch erwart ich Wahrheit. Redet offen
Mit mir. Was soll ich glauben, was beschließen?
Von Eurem Amte fodr ich Wahrheit.

DOMINGO.
Sire,
Wenn meines Standes Mildigkeit mir auch
Der Schonung süße Pflicht nicht auferlegte,
Doch würd ich Eure Majestät beschwören,
Um Ihrer Ruhe willen Sie beschwören,
Bei dem Entdeckten stillzustehn – das Forschen
In ein Geheimnis ewig aufzugeben,
Das niemals freudig sich entwickeln kann.
Was jetzt bekannt ist, kann vergeben werden.
Ein Wort des Königs – und die Königin
Hat nie gefehlt. Der Wille des Monarchen
Verleiht die Tugend wie das Glück – und nur
Die immer gleiche Ruhe meines Königs
Kann die Gerüchte mächtig niederschlagen,
Die sich die Lästerung erlaubt.

KÖNIG.
Gerüchte?
Von mir? und unter meinem Volke?

DOMINGO.
Lügen!

Verdammenswerte Lügen! Ich beschwör es.
Doch freilich gibt es Fälle, wo der Glaube
Des Volks, und wär er noch so unerwiesen,
Bedeutend wie die Wahrheit wird.

KÖNIG.
Bei Gott!
Und hier gerade wär es –

DOMINGO.
Guter Name
Ist das kostbare, einzge Gut, um welches
Die Königin mit einem Bürgerweibe
Wetteifern muß –

KÖNIG.
Für den doch, will ich hoffen,
Hier nicht gezittert werden soll?

Er ruht mit ungewissem Blick auf Domingo.
Nach einigem Stillschweigen.

Kaplan,
Ich soll noch etwas Schlimmes von Euch hören.
Verschiebt es nicht. Schon lange les ich es
In diesem unglückbringenden Gesichte.
Heraus damit! Seis, was es wolle! Laßt
Nicht länger mich auf dieser Folter beben!
Was glaubt das Volk?

DOMINGO.
Noch einmal, Sire, das Volk
Kann irren – und es irrt gewiß. Was es
Behauptet, darf den König nicht erschüttern –
Nur – daß es so weit schon sich wagen durfte,
Dergleichen zu behaupten –

KÖNIG.
Was? Muß ich
So lang um einen Tropfen Gift Euch bitten?

DOMINGO.
Das Volk denkt an den Monat noch zurücke,

Der Eure Königliche Majestät
Dem Tode nahe brachte – dreißig Wochen
Nach diesem liest es von der glücklichen
Entbindung –

Der König steht auf und zieht die Glocke. Herzog von Alba tritt
herein. Domingo betroffen.

Ich erstaune, Sire!

KÖNIG *dem Herzog Alba entgegengehend.*
Toledo!
Ihr seid ein Mann. Schützt mich vor diesem Priester.

DOMINGO *er und Herzog Alba geben sich verlegene Blicke. Nach*
einer Pause.
Wenn wir voraus es hätten wissen können,
Daß diese Nachricht an dem Überbringer
Geahndet werden sollte –

KÖNIG.
Bastard sagt Ihr?
Ich war, sagt Ihr, vom Tode kaum erstanden,
Als sie sich Mutter fühlte? – Wie? Das war
Ja damals, wenn ich anders mich nicht irre,
Als Ihr den heiligen Dominikus
In allen Kirchen für das hohe Wunder lobtet,
Das er an mir gewirkt? – Was damals Wunder
Gewesen, ist es jetzt nicht mehr? So habt
Ihr damals oder heute mir gelogen.
An was verlangt Ihr, daß ich glauben soll?
O, ich durchschau Euch. Wäre das Komplott
Schon damals reif gewesen – ja, dann war
Der Heilige um seinen Ruhm.

ALBA.
Komplott!

KÖNIG.
Ihr solltet
Mit dieser beispiellosen Harmonie
Jetzt in derselben Meinung Euch begegnen

Und doch nicht einverstanden sein? Mich wollt
Ihr das bereden? Mich? Ich soll vielleicht
Nicht wahrgenommen haben, wie erpicht
Und gierig Ihr auf Euren Raub euch stürztet?
Mit welcher Wollust Ihr an meinem Schmerz,
An meines Zornes Wallung Euch geweidet?
Nicht merken soll ich, wie voll Eifer dort
Der Herzog brennt, der Gunst zuvorzueilen,
Die meinem Sohn beschieden war? Wie gerne
Der fromme Mann hier seinen kleinen Groll
Mit meines Zornes Riesenarm bewehrte?
Ich bin der Bogen, bildet Ihr Euch ein,
Den man nur spannen dürfe nach Gefallen? –
Noch hab ich meinen Willen auch – und wenn
Ich zweifeln soll, so laßt mich wenigstens
Bei Euch den Anfang machen.

ALBA.
Diese Deutung
Hat unsre Treue nicht erwartet.

KÖNIG.
Treue!
Die Treue warnt vor drohenden Verbrechen,
Die Rachgier spricht von den begangenen.
Laßt hören! Was gewann ich denn durch Eure
Dienstfertigkeit? – Ist, was Ihr vorgebt, wahr,
Was bleibt mir übrig als der Trennung Wunde?
Der Rache trauriger Triumph? – Doch nein,
Ihr fürchtet nur, Ihr gebt mir schwankende
Vermutungen – am Absturz einer Hölle
Laßt Ihr mich stehen und entflieht.

DOMINGO.
Sind andre
Beweise möglich, wo das Auge selbst
Nicht überwiesen werden kann?

KÖNIG *nach einer großen Pause, ernst und feierlich zu Domingo
sich wendend.*

Ich will
Die Großen meines Königreichs versammeln
Und selber zu Gerichte sitzen. Tretet
Heraus vor allen – habt Ihr Mut – und klaget
Als eine Buhlerin sie an! – Sie soll
Des Todes sterben – ohne Rettung – sie
Und der Infant soll sterben – aber – merkt Euch!
Kann sie sich reinigen – Ihr selbst! Wollt Ihr
Die Wahrheit durch ein solches Opfer ehren?
Entschließet Euch. Ihr wollt nicht, Ihr verstummt?
Ihr wollt nicht? – Das ist eines Lügners Eifer.

ALBA *der stillschweigend in der Ferne gestanden, kalt und ruhig.*
Ich will es.

KÖNIG *dreht sich erstaunt um und sieht den Herzog eine Zeitlang*
starr an.
Das ist kühn! Doch mir fällt ein,
Daß Ihr in scharfen Schlachten Euer Leben
An etwas weit Geringeres gewagt –
Mit eines Würfelspielers Leichtsinn für
Des Ruhmes Unding es gewagt – Und was
Ist Euch das Leben? – Königliches Blut
Geb ich dem Rasenden nicht preis, der nichts
Zu hoffen hat, als ein geringes Dasein
Erhaben aufzugeben – Euer Opfer
Verwerf ich. Geht – geht, und im Audienzsaal
Erwartet meine weiteren Befehle.

Beide gehen ab.

Fünfter Auftritt

Der König allein.
KÖNIG.
Jetzt gib mir einen Menschen, gute Vorsicht –
Du hast mir viel gegeben. Schenke mir
Jetzt einen Menschen. Du – du bist allein,
Denn deine Augen prüfen das Verborgne,

Ich bitte dich um einen Freund; denn ich
Bin nicht wie du allwissend. Die Gehülfen,
Die du mir zugeordnet hast, was sie
Mir sind, weißt du. Was sie verdienen, haben
Sie mir gegolten. Ihre zahmen Laster,
Beherrscht vom Zaume, dienen meinen Zwecken,
Wie deine Wetter reinigen die Welt.
Ich brauche Wahrheit – Ihre stille Quelle
Im dunkeln Schutt des Irrtums aufzugraben,
Ist nicht das Los der Könige. Gib mir
Den seltnen Mann mit reinem, offnem Herzen,
Mit hellem Geist und unbefangnen Augen,
Der mir sie finden helfen kann – ich schütte
Die Lose auf; laß unter Tausenden,
Die um der Hoheit Sonnenscheibe flattern,
Den einzigen mich finden.

*Er öffnet eine Schatulle und nimmt eine Schreibtafel
heraus. Nachdem er eine Zeitlang darin geblättert.*

Bloße Namen –
Nur Namen stehen hier, und nicht einmal
Erwähnung des Verdiensts, dem sie den Platz
Auf dieser Tafel danken – und was ist
Vergeßlicher als Dankbarkeit? Doch hier
Auf dieser andern Tafel les ich jede
Vergehung pünktlich beigeschrieben. Wie?
Das ist nicht gut. Braucht etwa das Gedächtnis
Der Rache dieser Hülfe noch?

Liest weiter.

Graf Egmont?
Was will der hier? – Der Sieg bei Saint Quentin
War längst verwirkt. Ich werf ihn zu den Toten.

Er löscht diesen Namen aus und schreibt ihn auf die andre Tafel.

Nachdem er weitergelesen.

Marquis von Posa? – Posa? – Posa? Kann
Ich dieses Menschen mich doch kaum besinnen!

Und zweifach angestrichen – ein Beweis,
Daß ich zu großen Zwecken ihn bestimmte!
Und, war es möglich? dieser Mensch entzog
Sich meiner Gegenwart bis jetzt? vermied
Die Augen seines königlichen Schuldners?
Bei Gott, im ganzen Umkreis meiner Staaten
Der einzge Mensch, der meiner nicht bedarf!
Besäß er Habsucht oder Ehrbegierde,
Er wäre längst vor meinem Thron erschienen.
Wag ichs mit diesem Sonderling? Wer mich
Entbehren kann, wird Wahrheit für mich haben.

Er geht ab.

Der Audienzsaal.

Sechster Auftritt

*Don Carlos im Gespräch mit dem Prinzen von Parma. Die Herzoge
von Alba, Feria und Medina Sidonia. Graf v. Lerma und noch andere
Granden mit Schriften in der Hand. Alle den König erwartend.*

MEDINA SIDONIA *von allen Umstehenden sichtbar vermieden,
wendet sich zum Herzog von Alba, der allein und in sich gekehrt auf
und ab geht.*

Sie haben ja den Herrn gesprochen, Herzog. –
Wie fanden Sie ihn aufgelegt?

ALBA.
Sehr übel
Für Sie und Ihre Zeitungen.

MEDINA SIDONIA.
Im Feuer
Des englischen Geschützes war mirs leichter
Als hier auf diesem Pflaster.

*Carlos, der mit stiller Teilnahme auf ihn geblickt hat, nähert sich ihm
jetzt und drückt ihm die Hand.*

Warmen Dank
Für diese großmutsvolle Träne, Prinz.

Sie sehen, wie mich alles flieht. Nun ist
Mein Untergang beschlossen.

CARLOS.
Hoffen Sie
Das Beste, Freund, von meines Vaters Gnade
Und Ihrer Unschuld.

MEDINA SIDONIA.
Ich verlor ihm eine Flotte,
Wie keine noch im Meer erschien – Was ist
Ein Kopf wie dieser gegen siebenzig
Versunkne Gallionen? – Aber, Prinz –
Fünf Söhne, hoffnungsvoll wie Sie – das bricht
Mein Herz –

Siebenter Auftritt

Der König kommt angekleidet heraus. Die Vorigen.
Alle nehmen die Hüte ab und weichen zu beiden Seiten aus, indem sie
einen halben Kreis um ihn bilden. Stillschweigen.

KÖNIG *den ganzen Kreis flüchtig durchschauend.*
Bedeckt Euch!

Don Carlos und der Prinz von Parma nähern sich zuerst und küssen
dem König die Hand. Er wendet sich mit einiger Freundlichkeit zu
dem letztern, ohne seinen Sohn bemerken zu wollen.
Eure Mutter, Neffe,
Will wissen, wie man in Madrid mit Euch
Zufrieden sei.

PARMA.
Das frage sie nicht eher
Als nach dem Ausgang meiner ersten Schlacht.

KÖNIG.
Gebt Euch zufrieden. Auch an Euch wird einst
Die Reihe sein, wenn diese Stämme brechen.

Zum Herzog von Feria.
Was bringt Ihr mir?

FERIA *ein Knie vor dem König beugend.*
Der Großkomtur des Ordens
Von Calatrava starb an diesem Morgen.
Hier folgt sein Ritterkreuz zurück.

KÖNIG *nimmt den Orden und sieht im ganzen Zirkel herum.*
Wer wird
Nach ihm am würdigsten es tragen?

Er winkt Alba zu sich, welcher sich vor ihm auf ein Knie niederläßt,
und hängt ihm den Orden um.

Herzog,
Ihr seid mein erster Feldherr – seid nie mehr,
So wird Euch meine Gnade niemals fehlen.
Er wird den Herzog von Medina Sidonia gewahr.
Sieh da, mein Admiral!

MEDINA SIDONIA *nähert sich wankend und kniet vor dem Könige*
nieder, mit gesenktem Haupt.
Das, großer König,
Ist alles, was ich von der spanschen Jugend
Und der Armada wiederbringe.

KÖNIG *nach einem langen Stillschweigen.*
Gott
Ist über mir. – Ich habe gegen Menschen,
Nicht gegen Sturm und Klippen sie gesendet –
Seid mir willkommen in Madrid.

Er reicht ihm die Hand zum Kusse.

Und Dank,
Daß Ihr in Euch mir einen würdgen Diener
Erhalten habt! – Für diesen, meine Granden,
Erkenn ich ihn, will ich erkannt ihn wissen.

Er gibt ihm einen Wink, aufzustehen und sich zu bedecken – dann
wendet er sich gegen die andern.
Was gibt es noch?

Zu Don Carlos und dem Prinzen von Parma.

Ich dank Euch, meine Prinzen.

Diese treten ab. Die noch übrigen Granden nähern sich und überreichen dem König kniend ihre Papiere. Er durchsieht sie flüchtig und reicht sie dem Herzog von Alba.

Legt das im Kabinett mir vor – Bin ich zu Ende?

Niemand antwortet.

Wie kommt es denn, daß unter meinen Granden
Sich nie ein Marquis Posa zeigt? Ich weiß
Recht gut, daß dieser Marquis Posa mir
Mit Ruhm gedient. Er lebt vielleicht nicht mehr?
Warum erscheint er nicht?

LERMA.
Der Chevalier
Ist kürzlich erst von Reisen angelangt,
Die er durch ganz Europa unternommen.
Soeben ist er in Madrid und wartet
Nur auf den öffentlichen Tag, sich zu
Den Füßen seines Oberherrn zu werfen.

ALBA.
Marquis von Posa? – Recht! Das ist der kühne
Malteser, Ihre Majestät, von dem
Der Ruf die schwärmerische Tat erzählte.
Als auf des Ordensmeisters Aufgebot
Die Ritter sich auf ihrer Insel stellten,
Die Soliman belagern ließ, verschwand
Auf einmal von Alkalas hoher Schule
Der achtzehnjährge Jüngling. Ungerufen
Stand er vor La Valette.»Man kaufte mir
Das Kreuz«, sagt' er, »ich will es jetzt verdienen.«
Von jenen vierzig Rittern war er einer,
Die gegen Piali, Ulucciali
Und Mustafa und Hassem das Kastell
Sankt Elmo in drei wiederholten Stürmen
Am hohen Mittag hielten. Als es endlich
Erstiegen wird und um ihn alle Ritter
Gefallen, wirft er sich ins Meer und kommt
Allein erhalten an bei La Valette.

Zwei Monate darauf verläßt der Feind
Die Insel, und der Ritter kommt zurück,
Die angefangnen Studien zu enden.

FERIA.

Und dieser Marquis Posa war es auch,
Der nachher die berüchtigte Verschwörung
In Katalonien entdeckt und bloß
Durch seine Fertigkeit allein der Krone
Die wichtigste Provinz erhielt.

KÖNIG.
Ich bin
Erstaunt – Was ist das für ein Mensch, der das
Getan und unter dreien, die ich frage,
Nicht einen einzgen Neider hat? – Gewiß!
Der Mensch besitzt den ungewöhnlichsten
Charakter oder keinen – Wunders wegen
Muß ich ihn sprechen.

Zum Herzog Alba.

Nach gehörter Messe
Bringt ihn ins Kabinett zu mir.

Der Herzog geht ab. Der König ruft Feria.

Und Ihr
Nehmt meine Stelle im geheimen Rate.

Er geht ab.

FERIA.
Der Herr ist heut sehr gnädig.

MEDINA SIDONIA.
Sagen Sie:
Er ist ein Gott! – Er ist es mir gewesen.

FERIA.
Wie sehr verdienen Sie Ihr Glück! Ich nehme
Den wärmsten Anteil, Admiral.

EINER VON DEN GRANDEN.
Auch ich.

EIN ZWEITER.
Ich wahrlich auch.

EIN DRITTER.
Das Herz hat mir geschlagen.
Ein so verdienter General!

DER ERSTE.
Der König
War gegen Sie nicht gnädig – nur gerecht.

LERMA *im Abgehen zu Medina Sidonia.*
Wie reich sind Sie auf einmal durch zwei Worte!

Alle gehen ab.

Das Kabinett des Königs.

Achter Auftritt

Marquis von Posa und Herzog von Alba.

MARQUIS *im Hereintreten.*
Mich will er haben? Mich? – Das kann nicht sein.
Sie irren sich im Namen – Und was will
Er denn von mir?

ALBA.
Er will Sie kennenlernen.

MARQUIS.
Der bloßen Neugier wegen – O, dann schade
Um den verlornen Augenblick – das Leben
Ist so erstaunlich schnell dahin.

ALBA.
Ich übergebe
Sie Ihrem guten Stern. Der König ist
In Ihren Händen. Nützen Sie, so gut
Sie können, diesen Augenblick, und sich,
Sich selber schreiben Sie es zu, geht er
Verloren.

Er entfernt sich.

Neunter Auftritt

Der Marquis allein.

Wohl gesprochen, Herzog. Nützen
Muß man den Augenblick, der einmal nur
Sich bietet. Wahrlich, dieser Höfling gibt
Mir eine gute Lehre – wenn auch nicht
In seinem Sinne gut, doch in dem meinen.
Nach einigem Auf- und Niedergehen.
Wie komm ich aber hieher? – Eigensinn
Des launenhaften Zufalls wär es nur,
Was mir mein Bild in diesen Spiegeln zeigt?
Aus einer Million gerade mich,
Den Unwahrscheinlichsten, ergriff und im
Gedächtnisse des Königs auferweckte?
Ein Zufall nur? Vielleicht auch mehr – Und was
Ist Zufall anders als der rohe Stein,
Der Leben annimmt unter Bildners Hand?
Den Zufall gibt die Vorsehung – zum Zwecke
Muß ihn der Mensch gestalten. – Was der König
Mit mir auch wollen mag, gleichviel! – Ich weiß,
Was ich – ich mit dem König soll – und wärs
Auch eine Feuerflocke Wahrheit nur,
In des Despoten Seele kühn geworfen –
Wie fruchtbar in der Vorsicht Hand! So könnte,
Was erst so grillenhaft mir schien, sehr zweckvoll
Und sehr besonnen sein. Sein oder nicht –
Gleichviel! In diesem Glauben will ich handeln.

*Er macht einige Gänge durch das Zimmer und bleibt endlich in
ruhiger Betrachtung vor einem Gemälde stehen. Der König erscheint
in dem angrenzenden Zimmer, wo er einige Befehle gibt. Alsdann tritt
er herein, steht an der Türe still und sieht dem Marquis eine Zeitlang
zu, ohne von ihm bemerkt zu werden.*

137

Zehnter Auftritt

Der König und Marquis von Posa.

Dieser geht dem König, sobald er ihn gewahr wird, entgegen und läßt sich vor ihm auf ein Knie nieder, steht auf und bleibt ohne Zeichen der Verwirrung vor ihm stehen.

KÖNIG *betrachtet ihn mit einem Blick der Verwunderung.*
Mich schon gesprochen also?

MARQUIS.
Nein.

KÖNIG.
Ihr machtet
Um meine Krone Euch verdient. Warum
Entziehet Ihr Euch meinem Dank? In meinem
Gedächtnis drängen sich der Menschen viel.
Allwissend ist nur Einer. Euch kams zu,
Das Auge Eures Königes zu suchen.
Weswegen tatet Ihr das nicht?

MARQUIS.
Es sind
Zween Tage, Sire, daß ich ins Königreich
Zurückgekommen.

KÖNIG.
Ich bin nicht gesonnen,
In meiner Diener Schuld zu stehn – Erbittet
Euch eine Gnade.

MARQUIS.
Ich genieße die Gesetze.

KÖNIG.
Dies Recht hat auch der Mörder.

MARQUIS.
Wieviel mehr
Der gute Bürger! – Sire, ich bin zufrieden.

KÖNIG *vor sich.*
Viel Selbstgefühl und kühner Mut, bei Gott!

Doch das war zu erwarten – Stolz will ich
Den Spanier. Ich mag es gerne leiden,
Wenn auch der Becher überschäumt- Ihr tratet
Aus meinen Diensten, hör ich?

MARQUIS.
Einem Bessern
Den Platz zu räumen, zog ich mich zurücke.

KÖNIG.
Das tut mir leid. Wenn solche Köpfe feiern,
Wieviel Verlust für meinen Staat – Vielleicht
Befürchtet Ihr, die Sphäre zu verfehlen,
Die Eures Geistes würdig ist.

MARQUIS.
O nein!
Ich bin gewiß, daß der erfahrne Kenner,
In Menschenseelen, seinem Stoff, geübt,
Beim ersten Blicke wird gelesen haben,
Was ich ihm taugen kann, was nicht. Ich fühle
Mit demutsvoller Dankbarkeit die Gnade,
Die Eure Königliche Majestät
Durch diese stolze Meinung auf mich häufen;
Doch –

Er hält inne.

KÖNIG.
Ihr bedenket Euch?

MARQUIS.
Ich bin – ich muß
Gestehen, Sire – sogleich nicht vorbereitet,
Was ich als Bürger dieser Welt gedacht,
In Worte Ihres Untertans zu kleiden. –
Denn damals, Sire, als ich auf immer mit
Der Krone aufgehoben, glaubt ich mich
Auch der Notwendigkeit entbunden, ihr
Von diesem Schritte Gründe anzugeben.

KÖNIG.
So schwach sind diese Gründe? Fürchtet Ihr,
Dabei zu wagen?

MARQUIS.
Wenn ich Zeit gewinne,
Sie zu erschöpfen, Sire – mein Leben höchstens.
Die Wahrheit aber setz ich aus, wenn Sie
Mir diese Gunst verweigern. Zwischen Ihrer
Ungnade und Geringschätzung ist mir
Die Wahl gelassen – Muß ich mich entscheiden,
So will ich ein Verbrecher lieber als
Ein Tor von Ihren Augen gehen.

KÖNIG *mit erwartender Miene.*
Nun?

MARQUIS.
– Ich kann nicht Fürstendiener sein.

Der König sieht ihn mit Erstaunen an.

Ich will
Den Käufer nicht betrügen, Sire. – Wenn Sie
Mich anzustellen würdigen, so wollen
Sie nur die vorgewogne Tat. Sie wollen
Nur meinen Arm und meinen Mut im Felde,
Nur meinen Kopf im Rat. Nicht meine Taten,
Der Beifall, den sie finden an dem Thron,
Soll meiner Taten Endzweck sein. Mir aber,
Mir hat die Tugend eignen Wert. Das Glück,
Das der Monarch mit meinen Händen pflanzte,
Erschüf ich selbst, und Freude wäre mir
Und eigne Wahl, was mir nur Pflicht sein sollte.
Und ist das Ihre Meinung? Können Sie
In Ihrer Schöpfung fremde Schöpfer dulden?
Ich aber soll zum Meißel mich erniedern,
Wo ich der Künstler könnte sein? – Ich liebe
Die Menschheit, und in Monarchien darf
Ich niemand lieben als mich selbst.

KÖNIG.
Dies Feuer
Ist lobenswert. Ihr möchtet Gutes stiften.
Wie Ihr es stiftet, kann dem Patrioten
Dem Weisen gleich viel heißen. Suchet Euch
Den Posten aus in meinen Königreichen,
Der Euch berechtigt, diesem edeln Triebe
Genug zu tun.
MARQUIS.
Ich finde keinen.
KÖNIG.
Wie?
MARQUIS.
Was Eure Majestät durch meine Hand
Verbreiten – ist das Menschenglück? – Ist das
Dasselbe Glück, das meine reine Liebe
Den Menschen gönnt? – Vor diesem Glücke würde
Die Majestät erzittern – Nein! Ein neues
Erschuf der Krone Politik – ein Glück,
Das sie noch reich genug ist auszuteilen,
Und in dem Menschenherzen neue Triebe,
Die sich von diesem Glücke stillen lassen.
In ihren Münzen läßt sie Wahrheit schlagen,
Die Wahrheit, die sie dulden kann. Verworfen
Sind alle Stempel, die nicht diesem gleichen.
Doch was der Krone frommen kann – ist das
Auch mir genug? Darf meine Bruderliebe
Sich zur Verkürzung meines Bruders borgen?
Weiß ich ihn glücklich – eh er denken darf?
Mich wählen Sie nicht, Sire, Glückseligkeit,
Die Sie uns prägen, auszustreun. Ich muß
Mich weigern, diese Stempel auszugeben. –
Ich kann nicht Fürstendiener sein.

KÖNIG *etwas rasch.*
Ihr seid
Ein Protestant.

MARQUIS *nach einigem Bedenken.*
Ihr Glaube, Sire, ist auch
Der meine.

Nach einer Pause.

Ich werde mißverstanden.
Das war es, was ich fürchtete. Sie sehen
Von den Geheimnissen der Majestät
Durch meine Hand den Schleier weggezogen.
Wer sichert Sie, daß mir noch heilig heiße,
Was mich zu schrecken aufgehört? Ich bin
Gefährlich, weil ich über mich gedacht. –
Ich bin es nicht, mein König. Meine Wünsche
Verwesen hier.

Die Hand auf die Brust gelegt.

Die lächerliche Wut
Der Neuerung, die nur der Ketten Last,
Die sie nicht ganz zerbrechen kann, vergrößert,
Wird mein Blut nie erhitzen. Das Jahrhundert
Ist meinem Ideal nicht reif. Ich lebe
Ein Bürger derer, welche kommen werden.
Kann ein Gemälde Ihre Ruhe trüben? –
Ihr Atem löscht es aus.

KÖNIG.
Bin ich der erste,
Der Euch von dieser Seite kennt?

MARQUIS.
Von dieser –
Ja!

KÖNIG *steht auf, macht einige Schritte und bleibt dem Marquis
gegenüber stehen. Vor sich.*
Neu zum wenigsten ist dieser Ton!
Die Schmeichelei erschöpft sich. Nachzuahmen
Erniedrigt einen Mann von Kopf – Auch einmal
Die Probe von dem Gegenteil. Warum nicht?
Das Überraschende macht Glück. – Wenn Ihr

Es so verstehet, gut, so will ich mich
Auf eine neue Kronbedienung richten –
Den starken Geist. –

MARQUIS.
Ich höre, Sire, wie klein,
Wie niedrig Sie von Menschenwürde denken,
Selbst in des freien Mannes Sprache nur
Den Kunstgriff eines Schmeichlers sehen, und
Mir deucht, ich weiß, wer Sie dazu berechtigt.
Die Menschen zwangen Sie dazu; die haben
Freiwillig ihres Adels sich begeben,
Freiwillig sich auf diese niedre Stufe
Herabgestellt. Erschrocken fliehen sie
Vor dem Gespenste ihrer innern Größe,
Gefallen sich in ihrer Armut, schmücken
Mit feiger Weisheit ihre Ketten aus,
Und Tugend nennt man, sie mit Anstand tragen.
So überkamen Sie die Welt. So ward
Sie Ihrem großen Vater überliefert.
Wie könnten Sie in dieser traurigen
Verstümmlung – Menschen ehren?

KÖNIG.
Etwas Wahres
Find ich in diesen Worten.

MARQUIS.
Aber schade!
Da Sie den Menschen aus des Schöpfers Hand
In Ihrer Hände Werk verwandelten
Und dieser neugegoßnen Kreatur
Zum Gott sich gaben – da versahen Sie's
In etwas nur: Sie blieben selbst noch Mensch –
Mensch aus des Schöpfers Hand. Sie fuhren fort,
Als Sterblicher zu leiden, zu begehren;
Sie brauchen Mitgefühl – und einem Gott
Kann man nur opfern – zittern – zu ihm beten!
Bereuenswerter Tausch! Unselige
Verdrehung der Natur! – Da Sie den Menschen

Zu Ihrem Saitenspiel herunterstürzten,
Wer teilt mit Ihnen Harmonie?

KÖNIG.
(Bei Gott,
Er greift in meine Seele!)

MARQUIS.
Aber Ihnen
Bedeutet dieses Opfer nichts. Dafür
Sind Sie auch einzig – Ihre eigne Gattung –
Um diesen Preis sind Sie ein Gott. – Und schrecklich,
Wenn das nicht wäre – wenn für diesen Preis,
Für das zertretne Glück von Millionen,
Sie nichts gewonnen hätten! wenn die Freiheit,
Die Sie vernichteten, das einzge wäre,
Das Ihre Wünsche reifen kann? – Ich bitte,
Mich zu entlassen, Sire. Mein Gegenstand
Reißt mich dahin. Mein Herz ist voll – der Reiz
Zu mächtig, vor dem Einzigen zu stehen,
Dem ich es öffnen möchte.

*Der Graf von Lerma tritt herein und spricht einige Worte leise mit
dem König. Dieser gibt ihm einen Wink, sich zu entfernen, und bleibt
in seiner vorigen Stellung sitzen.*

KÖNIG *zum Marquis, nachdem Lerma weggegangen.*
Redet aus!

MARQUIS *nach einigem Stillschweigen.*
Ich fühle, Sire, – den ganzen Wert –

KÖNIG.
Vollendet!
Ihr hattet mir noch mehr zu sagen.

MARQUIS.
Sire!
Jüngst kam ich an von Flandern und Brabant. –
So viele reiche, blühende Provinzen!
Ein kräftiges, ein großes Volk – und auch
Ein gutes Volk – und Vater dieses Volkes!

Das, dacht ich, das muß göttlich sein! – Da stieß
Ich auf verbrannte menschliche Gebeine –
Hier schweigt er still; seine Augen ruhen auf dem König, der es
versucht, diesen Blick zu erwidern, aber betroffen und verwirrt zur
Erde sieht.
Sie haben recht. Sie müssen. Daß Sie können,
Was Sie zu müssen eingesehn, hat mich
Mit schauernder Bewunderung durchdrungen.
O schade, daß, in seinem Blut gewälzt,
Das Opfer wenig dazu taugt, dem Geist
Des Opferers ein Loblied anzustimmen!
Daß Menschen nur – nicht Wesen höhrer Art –
Die Weltgeschichte schreiben! – Sanftere
Jahrhunderte verdrängen Philipps Zeiten;
Die bringen mildre Weisheit; Bürgerglück
Wird dann versöhnt mit Fürstengröße wandeln,
Der karge Staat mit seinen Kindern geizen,
Und die Notwendigkeit wird menschlich sein.

KÖNIG.
Wann, denkt Ihr, würden diese menschlichen
Jahrhunderte erscheinen, hätt ich vor
Dem Fluch des jetzigen gezittert? Sehet
In meinem Spanien Euch um. Hier blüht
Des Bürgers Glück in nie bewölktem Frieden;
Und diese Ruhe gönn ich den Flamändern.

MARQUIS *schnell.*
Die Ruhe eines Kirchhofs! Und Sie hoffen
Zu endigen, was Sie begannen? hoffen,
Der Christenheit gezeitigte Verwandlung,
Den allgemeinen Frühling aufzuhalten,
Der die Gestalt der Welt verjüngt? Sie wollen
Allein in ganz Europa – sich dem Rade
Des Weltverhängnisses, das unaufhaltsam
In vollem Laufe rollt, entgegenwerfen?
Mit Menschenarm in seine Speichen fallen?
Sie werden nicht! Schon flohen Tausende

Aus Ihren Ländern froh und arm. Der Bürger,
Den Sie verloren für den Glauben, war
Ihr edelster. Mit offnen Mutterarmen
Empfängt die Fliehenden Elisabeth,
Und fruchtbar blüht durch Künste unsres Landes
Britannien. Verlassen von dem Fleiß
Der neuen Christen, liegt Grenada öde,
Und jauchzend sieht Europa seinen Feind
An selbstgeschlagnen Wunden sich verbluten.

*Der König ist bewegt; der Marquis bemerkt es und tritt einige
Schritte näher.*

Sie wollen pflanzen für die Ewigkeit,
Und säen Tod? Ein so erzwungnes Werk
Wird seines Schöpfers Geist nicht überdauern.
Dem Undank haben Sie gebaut – umsonst
Den harten Kampf mit der Natur gerungen,
Umsonst ein großes königliches Leben
Zerstörenden Entwürfen hingeopfert.
Der Mensch ist mehr, als Sie von ihm gehalten.
Des langen Schlummers Bande wird er brechen
Und wiederfordern sein geheiligt Recht.
Zu einem Nero und Busiris wirft
Er Ihren Namen, und – das schmerzt mich; denn
Sie waren gut.

KÖNIG.
Wer hat Euch dessen so
Gewiß gemacht?

MARQUIS *mit Feuer.*
Ja, beim Allmächtigen!
Ja – ja – ich wiederhol es. Geben Sie,
Was Sie uns nahmen, wieder! Lassen Sie,
Großmütig wie der Starke, Menschenglück
Aus Ihrem Füllhorn strömen – Geister reifen
In Ihrem Weltgebäude! Geben Sie,
Was Sie uns nahmen, wieder. Werden Sie
Von Millionen Königen ein König.

*Er nähert sich ihm kühn, indem er feste und feurige Blicke auf ihn
richtet.*

O, könnte die Beredsamkeit von allen
Den Tausenden, die dieser großen Stunde
Teilhaftig sind, auf meinen Lippen schweben,
Den Strahl, den ich in diesen Augen merke,
Zur Flamme zu erheben! – Geben Sie
Die unnatürliche Vergöttrung auf,
Die uns vernichtet. Werden Sie uns Muster
Des Ewigen und Wahren. Niemals – niemals
Besaß ein Sterblicher so viel, so göttlich
Es zu gebrauchen. Alle Könige
Europens huldigen dem spanschen Namen.
Gehn Sie Europens Königen voran.
Ein Federzug von dieser Hand, und neu
Erschaffen wird die Erde. Geben Sie
Gedankenfreiheit. –

Sich ihm zu Fußen werfend.

KÖNIG *überrascht, das Gesicht weggewandt und dann wieder auf
den Marquis geheftet.*
Sonderbarer Schwärmer!
Doch – stehet auf – ich –

MARQUIS.
Sehen Sie sich um
In seiner herrlichen Natur! Auf Freiheit
Ist sie gegründet – und wie reich ist sie
Durch Freiheit! Er, der große Schöpfer, wirft
In einen Tropfen Tau den Wurm, und läßt
Noch in den toten Räumen der Verwesung
Die Willkür sich ergetzen – Ihre Schöpfung,
Wie eng und arm! Das Rauschen eines Blattes
Erschreckt den Herrn der Christenheit – Sie müssen
Vor jeder Tugend zittern. Er – der Freiheit
Entzückende Erscheinung nicht zu stören –
Er läßt des Übels grauenvolles Heer
In seinem Weltall lieber toben – ihn,

Den Künstler, wird man nicht gewahr, bescheiden
Verhüllt er sich in ewige Gesetze;
Die sieht der Freigeist, doch nicht ihn. Wozu
Ein Gott? sagt er; die Welt ist sich genug.
Und keines Christen Andacht hat ihn mehr
Als dieses Freigeists Lästerung gepriesen.

KÖNIG.
Und wollet Ihr es unternehmen, dies
Erhabne Muster in der Sterblichkeit
In meinen Staaten nachzubilden?

MARQUIS.
Sie,
Sie können es. Wer anders? Weihen Sie
Dem Glück der Völker die Regentenkraft,
Die – ach so lang – des Thrones Größe nur
Gewuchert hatte – stellen Sie der Menschheit
Verlornen Adel wieder her. Der Bürger
Sei wiederum, was er zuvor gewesen,
Der Krone Zweck – ihn binde keine Pflicht
Als seiner Brüder gleich ehrwürdge Rechte.
Wenn nun der Mensch, sich selbst zurückgegeben,
Zu seines Werts Gefühl erwacht – der Freiheit
Erhabne, stolze Tugenden gedeihen –
Dann, Sire, wenn Sie zum glücklichsten der Welt
Ihr eignes Königreich gemacht – dann ist
Es Ihre Pflicht, die Welt zu unterwerfen.

KÖNIG *nach einem großen Stillschweigen.*
Ich ließ Euch bis zu Ende reden – Anders,
Begreif ich wohl, als sonst in Menschenköpfen
Malt sich in diesem Kopf die Welt – auch will
Ich fremdem Maßstab Euch nicht unterwerfen.
Ich bin der Erste, dem Ihr Euer Innerstes
Enthüllt. Ich glaub es, weil ichs weiß. Um dieser
Enthaltung willen, solche Meinungen,
Mit solchem Feuer doch umfaßt, verschwiegen
Zu haben bis auf diesen Tag – um dieser
Bescheidnen Klugheit willen, junger Mann,

Will ich vergessen, daß ich sie erfahren,
Und wie ich sie erfahren. Stehet auf.
Ich will den Jüngling, der sich übereilte,
Als Greis und nicht als König widerlegen.
Ich will es, weil ichs will – Gift also selbst,
Find ich, kann in gutartigen Naturen
Zu etwas Besserm sich veredeln – Aber
Flieht meine Inquisition. – Es sollte
Mir leid tun –

MARQUIS.
Wirklich? Sollt es das?

KÖNIG *in seinem Anblick verloren.*
Ich habe
Solch einen Menschen nie gesehen. – Nein,
Nein, Marquis! Ihr tut mir zuviel. Ich will
Nicht Nero sein. Ich will es nicht sein – will
Es gegen Euch nicht sein. Nicht alle
Glückseligkeit soll unter mir verdorren.
Ihr selbst, Ihr sollet unter meinen Augen
Fortfahren dürfen, Mensch zu sein.

MARQUIS *rasch.*
Und meine
Mitbürger, Sire? – O! nicht um mich war mirs
Zu tun, nicht meine Sache wollt ich führen.
Und Ihre Untertanen, Sire?

KÖNIG.
Und wenn
Ihr so gut wisset, wie die Folgezeit
Mich richten wird, so lerne sie an Euch,
Wie ich mit Menschen es gehalten, als
Ich einen fand.

MARQUIS.
O! der gerechteste
Der Könige sei nicht mit einem Male
Der ungerechteste – In Ihrem Flandern
Sind tausend Bessere als ich. Nur Sie –

Darf ich es frei gestehen, großer König? –
Sie sehn jetzt unter diesem sanftern Bilde
Vielleicht zum erstenmal die Freiheit.

KÖNIG *mit gemildertem Ernst.*

Nichts mehr
Von diesem Inhalt, junger Mann. – Ich weiß,
Ihr werdet anders denken, kennet Ihr
Den Menschen erst wie ich. – Doch hätt ich Euch
Nicht gern zum letztenmal gesehn. Wie fang ich
Es an, Euch zu verbinden?

MARQUIS.

Lassen Sie
Mich, wie ich bin. Was wär ich Ihnen, Sire,
Wenn Sie auch mich bestächen?

KÖNIG.

Diesen Stolz
Ertrag ich nicht. Ihr seid von heute an
In meinen Diensten – Keine Einwendung!
Ich will es haben.

Nach einer Pause.

Aber wie? Was wollte
Ich denn? War es nicht Wahrheit, was ich wollte?
Und hier find ich noch etwas mehr – Ihr habt
Auf meinem Thron mich ausgefunden, Marquis.
Nicht auch in meinem Hause?

Da sich der Marquis zu bedenken scheint.

Ich versteh Euch.
Doch – wär ich auch von allen Vätern der
Unglücklichste, kann ich nicht glücklich sein
Als Gatte?

MARQUIS.

Wenn ein hoffnungsvoller Sohn,
Wenn der Besitz der liebenswürdigsten
Gemahlin einem Sterblichen ein Recht
Zu diesem Namen geben, Sire, so sind Sie

Der Glücklichste durch beides.

KÖNIG *mit finstrer Miene.*
Nein, ich bins nicht!
Und daß ichs nicht bin, hab ich tiefer nie
Gefühlt als eben jetzt –

Mit einem Blicke der Wehmut auf dem Marquis verweilend.

MARQUIS.
Der Prinz denkt edel
Und gut. Ich hab ihn anders nie gefunden.

KÖNIG.
Ich aber hab es – Was er mir genommen,
Kann keine Krone mir ersetzen – Eine
So tugendhafte Königin!

MARQUIS.
Wer kann
Es wagen, Sire?

KÖNIG.
Die Welt! Die Lästerung!
Ich selbst! – Hier liegen Zeugnisse, die ganz
Unwidersprechlich sie verdammen; andre
Sind noch vorhanden, die das Schrecklichste
Mich fürchten lassen – Aber, Marquis – schwer,
Schwer fällt es mir, an eines nur zu glauben.
Wer klagt sie an? – Wenn sie – sie fähig sollte
Gewesen sein, so tief sich zu entehren,
O, wieviel mehr ist mir zu glauben dann
Erlaubt, daß eine Eboli verleumdet?
Haßt nicht der Priester meinen Sohn und sie?
Und weiß ich nicht, daß Alba Rache brütet?
Mein Weib ist mehr wert als sie alle.

MARQUIS.
Sire,
Und etwas lebt noch in des Weibes Seele,
Das über allen Schein erhaben ist
Und über alle Lästerung – es heißt

Weibliche Tugend.

KÖNIG.
Ja! Das sag ich auch.
So tief, als man die Königin bezüchtigt,
Herabzusinken, kostet viel. So leicht,
Als man mich überreden möchte, reißen
Der Ehre heilge Bande nicht. Ihr kennt
Den Menschen, Marquis. Solch ein Mann hat mir
Schon längst gemangelt, Ihr seid gut und fröhlich
Und kennet doch den Menschen auch – Drum hab
Ich Euch gewählt –

MARQUIS *überrascht und erschrocken.*
Mich, Sire?

KÖNIG.
Ihr standet
Vor Eurem Herrn und habt nichts für Euch selbst
Erbeten – nichts. Das ist mir neu – Ihr werdet
Gerecht sein. Leidenschaft wird Euren Blick
Nicht irren – Dränget Euch zu meinem Sohn,
Erforscht das Herz der Königin. Ich will
Euch Vollmacht senden, sie geheim zu sprechen.
Und jetzt verlaßt mich!

Er zieht eine Glocke.

MARQUIS.
Kann ich es mit einer
Erfüllten Hoffnung? – dann ist dieser Tag
Der schönste meines Lebens.

KÖNIG *reicht ihm die Hand zum Kusse.*
Er ist kein
Verlorner in dem meinigen.

Der Marquis steht auf und geht. Graf Lerma tritt herein.

Der Ritter
Wird künftig ungemeldet vorgelassen.

Vierter Akt

Saal bei der Königin.

Erster Auftritt

Die Königin. Die Herzogin Olivarez. Die Prinzessin von Eboli.
Die Gräfin Fuentes und noch andere Damen.

KÖNIGIN *zur Oberhofmeisterin, indem sie aufsteht.*
Der Schlüssel fand sich also nicht? – So wird
Man die Schatulle mir erbrechen müssen,
Und zwar sogleich –
Da sie die Prinzessin von Eboli gewahr wird, welche sich ihr nähert
und ihr die Hand küßt.
Willkommen, liebe Fürstin!
Mich freut, Sie wiederhergestellt zu finden –
Zwar noch sehr blaß –

FUENTES *etwas tückisch.*
Die Schuld des bösen Fiebers,
Das ganz erstaunlich an die Nerven greift.
Nicht wahr, Prinzessin?

KÖNIGIN.
Sehr hab ich gewünscht,
Sie zu besuchen, meine Liebe. – Doch
Ich darf ja nicht.

OLIVAREZ.
Die Fürstin Eboli
Litt wenigstens nicht Mangel an Gesellschaft. –

KÖNIGIN.
Das glaub ich gern. Was haben Sie? Sie zittern.

EBOLI.
Nichts – gar nichts, meine Königin. Ich bitte
Um die Erlaubnis, wegzugehen –

KÖNIGIN.
Sie

153

Verhehlen uns, sind kränker gar, als Sie
Uns glauben machen wollen? Auch das Stehn
Wird Ihnen sauer. Helfen Sie Ihr, Gräfin,
Auf dieses Taburett sich niedersetzen.

EBOLI.
Im Freien wird mir besser.

Sie geht ab.

KÖNIGIN.
Folgen Sie
Ihr, Gräfin – Welche Anwandlung!

*Ein Page tritt herein und spricht mit der Herzogin, welche sich
alsdann zur Königin wendet.*

OLIVAREZ.
Der Marquis
Von Posa, Ihre Majestät – Er kommt
Von Seiner Majestät dem König.

KÖNIGIN.
Ich
Erwart ihn.

Der Page geht ab und öffnet dem Marquis die Türe.

Zweiter Auftritt

Marquis von Posa. Die Vorigen.
*Der Marquis läßt sich auf ein Knie vor der Königin nieder, welche
ihm einen Wink gibt aufzustehen.*

KÖNIGIN.
Was ist meines Herrn Befehl?
Darf ich ihn öffentlich –

MARQUIS.
Mein Auftrag lautet
An Ihre Königliche Majestät allein.

Die Damen entfernen sich auf einen Wink der Königin.

Dritter Auftritt

Die Königin. Marquis von Posa.

KÖNIGIN *voll Verwunderung.*

Wie? Darf ich meinen Augen trauen, Marquis?
Sie an mich abgeschickt vom König?

MARQUIS.

Dünkt
Das Ihre Majestät so sonderbar?
Mir ganz und gar nicht.

KÖNIGIN.

Nun, so ist die Welt
Aus ihrer Bahn gewichen. Sie und er –
Ich muß gestehen –

MARQUIS.

Daß es seltsam klingt?
Das mag wohl sein. – Die gegenwärtge Zeit
Ist noch an mehrern Wunderdingen fruchtbar.

KÖNIGIN.

An größern kaum.

MARQUIS.

Gesetzt, ich hätte mich
Bekehren lassen endlich – wär es müde,
An Philipps Hof den Sonderling zu spielen?
Den Sonderling! Was heißt auch das? Wer sich
Den Menschen nützlich machen will, muß doch
Zuerst sich ihnen gleichzustellen suchen.
Wozu der Sekte prahlerische Tracht?
Gesetzt – Wer ist von Eitelkeit so frei,
Um nicht für seinen Glauben gern zu werben? –
Gesetzt, ich ginge damit um, den meinen
Auf einen Thron zu setzen?

KÖNIGIN.

Nein! – Nein, Marquis.
Auch nicht einmal im Scherze möcht ich dieser
Unreifen Einbildung Sie zeihn. Sie sind

155

Der Träumer nicht, der etwas unternähme,
Was nicht geendigt werden kann.

MARQUIS.
Das eben
Wär noch die Frage, denk ich.

KÖNIGIN.
Was ich höchstens
Sie zeihen könnte, Marquis – was von Ihnen
Mich fast befremden könnte, wäre – wäre –

MARQUIS.
Zweideutelei. Kann sein.

KÖNIGIN.
Unredlichkeit
Zum wenigsten. Der König wollte mir
Wahrscheinlich nicht durch Sie entbieten lassen,
Was Sie mir sagen werden.

MARQUIS.
Nein.

KÖNIGIN.
Und kann
Die gute Sache schlimme Mittel adeln?
Kann sich – verzeihen Sie mir diesen Zweifel –
Ihr edler Stolz zu diesem Amte borgen?
Kaum glaub ich es. –

MARQUIS.
Auch ich nicht, wenn es hier
Nur gelten soll, den König zu betrügen.
Doch das ist meine Meinung nicht. Ihm selbst
Gedenk ich diesmal redlicher zu dienen,
Als er mir aufgetragen hat.

KÖNIGIN.
Daran
Erkenn ich Sie, und nun genug! Was macht er?

MARQUIS.
Der König? – Wie es scheint, bin ich sehr bald

An meiner strengen Richterin gerächt.
Was ich so sehr nicht zu erzählen eile,
Eilt Ihre Majestät, wie mir geschienen,
Noch weit, weit weniger zu hören. – Doch
Gehört muß es doch werden! Der Monarch
Läßt Ihre Majestät ersuchen, dem
Ambassadeur von Frankreich kein Gehör
Für heute zu bewilligen. Das war
Mein Auftrag. Er ist abgetan.

KÖNIGIN.
Und das
Ist alles, Marquis, was Sie mir von ihm
Zu sagen haben?

MARQUIS.
Alles ungefähr,
Was mich berechtigt, hierzusein. –

KÖNIGIN.
Ich will
Mich gern bescheiden, Marquis, nicht zu wissen,
Was mir vielleicht Geheimnis bleiben muß –

MARQUIS.
Das muß es, meine Königin – Zwar, wären
Sie nicht Sie selbst, ich würde eilen, Sie
Von eingen Dingen zu belehren, vor
Gewissen Menschen Sie zu warnen – doch
Das braucht es nicht bei Ihnen. Die Gefahr
Mag auf- und untergehen um Sie her,
Sie sollens nie erfahren. Alles dies
Ist ja nicht so viel wert, den goldnen Schlaf
Von eines Engels Stirne zu verjagen.
Auch war es das nicht, was mich hergeführt.
Prinz Carlos –

KÖNIGIN.
Wie verließen Sie ihn?

MARQUIS.
Wie

Den einzgen Weisen seiner Zeit, dem es
Verbrechen ist, die Wahrheit anzubeten –
Und ebenso beherzt, für seine Liebe,
Wie jener für die seinige zu sterben.
Ich bringe wenig Worte – aber hier,
Hier ist er selbst.

Er gibt der Königin einen Brief.

KÖNIGIN *nachdem sie ihn gelesen.*
Er muß mich sprechen, sagt er.
MARQUIS.
Das sag ich auch.
KÖNIGIN.
Wird es ihn glücklich machen,
Wenn er mit seinen Augen sieht, daß ich
Es auch nicht bin?
MARQUIS.
Nein – aber tätiger
Soll es ihn machen und entschloßner.
KÖNIGIN.
Wie?
MARQUIS.
Der Herzog Alba ist ernannt nach Flandern.
KÖNIGIN.
Ernannt – so hör ich.
MARQUIS.
Widerrufen kann
Der König nie. Wir kennen ja den König.
Doch wahr ists auch: Hier darf der Prinz nicht bleiben –
Hier nicht, jetzt vollends nicht – und Flandern darf
Nicht aufgeopfert werden.
KÖNIGIN.
Wissen Sie
Es zu verhindern?
MARQUIS.
Ja – vielleicht. Das Mittel

Ist fast so schlimm als die Gefahr. Es ist
Verwegen wie Verzweiflung. – Doch ich weiß
Von keinem andern.

KÖNIGIN.
Nennen Sie mirs.

MARQUIS.
Ihnen,
Nur Ihnen, meine Königin, wag ich
Es zu entdecken. Nur von Ihnen kann
Es Carlos hören, ohne Abscheu hören.
Der Name freilich, den es führen wird,
Klingt etwas rauh –

KÖNIGIN.
Rebellion

MARQUIS.
Er soll
Dem König ungehorsam werden, soll
Nach Brüssel heimlich sich begeben, wo
Mit offnen Armen die Flamänder ihn
Erwarten. Alle Niederlande stehen
Auf seine Losung auf. Die gute Sache
Wird stark durch einen Königssohn. Er mache
Den span'schen Thron durch seine Waffen zittern.
Was in Madrid der Vater ihm verweigert,
Wird er in Brüssel ihm bewilligen.

KÖNIGIN.
Sie sprachen
Ihn heute und behaupten das?

MARQUIS.
Weil ich
Ihn heute sprach.

KÖNIGIN *nach einer Pause.*
Der Plan, den Sie mir zeigen,
Erschreckt und – reizt mich auch zugleich. Ich glaube,
Daß Sie nicht unrecht haben. – Die Idee

Ist kühn, und eben darum, glaub ich,
Gefällt sie mir. Ich will sie reifen lassen.
Weiß sie der Prinz?

MARQUIS.
Er sollte, war mein Plan,
Aus Ihrem Mund zum erstenmal sie hören.

KÖNIGIN.
Unstreitig! Die Idee ist groß. – Wenn anders
Des Prinzen Jugend –

MARQUIS.
Schadet nichts. Er findet
Dort einen Egmont und Oranien,
Die braven Krieger Kaiser Karls, so klug
Im Kabinett als fürchterlich im Felde.

KÖNIGIN *mit Lebhaftigkeit.*
Nein! die Idee ist groß und schön – Der Prinz
Muß handeln. Lebhaft fühl ich das. Die Rolle,
Die man hier in Madrid ihn spielen sieht,
Drückt mich an seiner Statt zu Boden – Frankreich
Versprech ich ihm; Savoyen auch. Ich bin
Ganz Ihrer Meinung, Marquis, er muß handeln. –
Doch dieser Anschlag fordert Geld.

MARQUIS.
Auch das liegt schon
Bereit –

KÖNIGIN.
Und dazu weiß ich Rat.

MARQUIS.
So darf ich
Zu der Zusammenkunft ihm Hoffnung geben?

KÖNIGIN.
Ich will mirs überlegen.

MARQUIS.
Carlos dringt
Auf Antwort, Ihro Majestät. – Ich hab

Ihm zugesagt, nicht leer zurückzukehren.

Seine Schreibtafel der Königin reichend.

Zwo Zeilen sind für jetzt genug –

KÖNIGIN *nachdem sie geschrieben.*
Werd ich
Sie wiedersehn?

MARQUIS.
So oft Sie es befehlen.

KÖNIGIN.
So oft – so oft ich es befehle? – Marquis!
Wie muß ich diese Freiheit mir erklären?

MARQUIS.
So arglos, als Sie immer können. Wir
Genießen sie, das ist genug – das ist
Für meine Königin genug.

KÖNIGIN *abbrechend.*
Wie sollt es
Mich freuen, Marquis, wenn der Freiheit endlich
Noch diese Zuflucht in Europa bliebe!
Wenn sie durch ihn es bliebe! – Rechnen Sie
Auf meinen stillen Anteil –

MARQUIS *mit Feuer.*
O, ich wußt es,
Ich mußte hier verstanden werden –

Herzogin Olvarez erscheint an der Türe.

KÖNIGIN *fremd zum Marquis.*
Was
Von meinem Herrn, dem König, kommt, werd ich
Als ein Gesetz verehren. Gehen Sie,
Ihm meine Unterwerfung zu versichern!

Sie gibt ihm einen Wink. Der Marquis, geht ab.

Galerie.

Vierter Auftritt

Don Carlos und Graf Lerma.

CARLOS.
Hier sind wir ungestört. Was haben Sie
Mir zu entdecken?

LERMA.
Eure Hoheit hatten
An diesem Hofe einen Freund.

CARLOS *stutzt.*
Den ich
Nicht wüßte! – Wie? Was wollen Sie damit?

LERMA.
So muß ich um Vergebung bitten, daß
Ich mehr erfuhr, als ich erfahren durfte.
Doch, Eurer Hoheit zur Beruhigung,
Ich hab es wenigstens von treuer Hand,
Denn, kurz, ich hab es von mir selbst.

CARLOS.
Von wem
Ist denn die Rede?

LERMA.
Marquis Posa –

CARLOS.
Nun?

LERMA.
Wenn etwa mehr, als jemand wissen darf,
Von Eurer Hoheit ihm bewußt sein sollte,
Wie ich beinahe fürchte –

CARLOS.
Wie Sie fürchten?

LERMA.
– Er war beim König.

CARLOS.
So?

LERMA.
Zwo volle Stunden,
Und in sehr heimlichem Gespräch.

CARLOS.
Wahrhaftig?

LERMA.
Es war von keiner Kleinigkeit die Rede.

CARLOS.
Das will ich glauben.

LERMA.
Ihren Namen, Prinz,
Hört ich zu öftern Malen.

CARLOS.
Hoffentlich
Kein schlimmes Zeichen.

LERMA.
Auch ward heute morgen
Im Schlafgemache seiner Majestät
Der Königin sehr rätselhaft erwähnt.

CARLOS *tritt bestürzt zurück.*
Graf Lerma?

LERMA.
Als der Marquis weggegangen,
Empfing ich den Befehl, ihn künftighin
Unangemeldet vorzulassen.

CARLOS.
Das
Ist wirklich viel.

LERMA.
Ganz ohne Beispiel, Prinz,
Solang mir denkt, daß ich dem König diene.

CARLOS.
Viel! Wahrlich viel! – Und wie? wie, sagten Sie,
Wie ward der Königin erwähnt?

LERMA *tritt zurück.*
Nein, Prinz,
Nein! Das ist wider meine Pflicht.

CARLOS.
Wie seltsam!
Sie sagen mir das eine und verhehlen
Das andre mir.

LERMA
Das erste war ich Ihnen,
Das zweite bin ich dem Monarchen schuldig.

CARLOS.
– Sie haben recht.

LERMA.
Den Marquis hab ich zwar
Als Mann von Ehre stets gekannt.

CARLOS.
Dann haben
Sie ihn sehr gut gekannt.

LERMA.
Jedwede Tugend
Ist fleckenfrei – bis auf den Augenblick
Der Probe.

CARLOS.
Auch wohl hier und da noch drüber.

LERMA.
Und eines großen Königs Gunst dünkt mir
Der Frage wert. An diesem goldnen Angel
Hat manche starke Tugend sich verblutet.

CARLOS.
O ja.

LERMA.
Oft sogar ist es weise, zu entdecken,
Was nicht verschwiegen bleiben kann.

CARLOS.
Ja, weise!
Doch, wie Sie sagen, haben Sie den Marquis
Als Mann von Ehre nur gekannt?

LERMA.
Ist er
Es noch, so macht mein Zweifel ihn nicht schlechter,
Und Sie, mein Prinz, gewinnen doppelt.

Er will gehen.

CARLOS *folgt ihm gerührt und drückt ihm die Hand.*
Dreifach
Gewinn ich, edler, würdger Mann – ich sehe
Um einen Freund mich reicher, und es kostet
Mir den nicht, den ich schon besaß.

Lerma geht ab.

Fünfter Auftritt

Marquis von Posa kommt durch die Galerie. Carlos.

MARQUIS.
Karl! Karl!

CARLOS.
Wer ruft? Ah, du bists! Eben recht. Ich eile
Voraus ins Kloster. Komm bald nach.

Er will fort.

MARQUIS.
Nur zwo
Minuten – bleib.

CARLOS.
Wenn man uns überfiele –

MARQUIS.
Man wird doch nicht. Es ist sogleich geschehen.
Die Königin –
CARLOS.
Du warst bei meinem Vater?
MARQUIS.
Er ließ mich rufen; ja.
CARLOS *voll Erwartung.*
Nun?
MARQUIS.
Es ist richtig.
Du wirst sie sprechen.
CARLOS.
Und der König? Was
Will denn der König?
MARQUIS.
Der? Nicht viel. – Neugierde,
Zu wissen, wer ich bin. – Dienstfertigkeit
Von unbestellten guten Freunden. Was
Weiß ich? Er bot mir Dienste an.
CARLOS.
Die du
Doch abgelehnt?
MARQUIS.
Versteht sich.
CARLOS.
Und wie kamt
Ihr auseinander?
MARQUIS.
Ziemlich gut.
CARLOS.
Von mir
War also wohl die Rede nicht?

MARQUIS.
Von dir?
Doch. Ja. Im allgemeinen.

Er zieht sein Souvenir heraus und gibt es dem Prinzen.

Hier vorläufig
Zwei Worte von der Königin, und morgen
Werd ich erfahren, wo und wie –
CARLOS *liest sehr zerstreut, steckt die Schreibtafel ein und will gehen.*
Beim Prior
Triffst du mich also.

MARQUIS.
Warte doch. Was eilst du?
Es kommt ja niemand.

CARLOS *mit erkünsteltem Lächeln.*
Haben wir denn wirklich
Die Rollen umgetauscht? Du bist ja heute
Erstaunlich sicher.

MARQUIS.
Heute? Warum heute?

CARLOS.
Und was schreibt mir die Königin?

MARQUIS.
Hast du
Denn nicht im Augenblick gelesen?

CARLOS.
Ich?
Ja so.

MARQUIS.
Was hast du denn? Was ist dir?

CARLOS *liest das Geschriebene noch einmal. Entzückt und feurig.*

Engel
Des Himmels! Ja, ich will es sein – ich will –
Will deiner wert sein – Große Seelen macht

Die Liebe größer. Seis auch, was es sei.
Wenn du es mir gebietest, ich gehorche. –
Sie schreibt, daß ich auf eine wichtige
Entschließung mich bereiten soll. Was kann
Sie damit meinen? Weißt du nicht?

MARQUIS.
Wenn ichs
Auch wüßte, Karl – bist du auch jetzt gestimmt,
Es anzuhören?

CARLOS.
Hab ich dich beleidigt?
Ich war zerstreut. Vergib mir, Roderich.

MARQUIS.
Zerstreut? Wodurch?

CARLOS.
Durch – ich weiß selber nicht.
Dies Souvenir ist also mein?

MARQUIS.
Nicht ganz.
Vielmehr bin ich gekommen, mir sogar
Deins auszubitten.

CARLOS.
Meins? Wozu?

MARQUIS.
Und was
Du etwa sonst an Kleinigkeiten, die
In keines Dritten Hände fallen dürfen,
An Briefen oder abgerissenen
Konzepten bei dir führst – kurz, deine ganze
Brieftasche –

CARLOS.
Wozu aber?

MARQUIS.
Nur auf alle Fälle.
Wer kann für Überraschung stehn? Bei mir

Sucht sie doch niemand. Gib.

CARLOS *sehr unruhig.*
Das ist doch seltsam!
Woher auf einmal diese –

MARQUIS.
Sei ganz ruhig.
Ich will nichts damit angedeutet haben.
Gewißlich nicht. Es ist Behutsamkeit
Vor der Gefahr. So hab ichs nicht gemeint,
So wahrlich nicht, daß du erschrecken solltest.

CARLOS *gibt ihm die Brieftasche.*
Verwahr sie gut.

MARQUIS.
Das werd ich.

CARLOS *sieht ihn bedeutend an.*
Roderich!
Ich gab dir viel.

MARQUIS.
Noch immer nicht so viel,
Als ich von dir schon habe – Dort also
Das übrige, und jetzt leb wohl – leb wohl!

Er will gehen.

CARLOS *kämpft zweifelhaft mit sich selbst – endlich ruft er ihn
zurück.*
Gib mir die Briefe doch noch einmal. Einer
Von ihr ist auch darunter, den sie damals,
Als ich so tödlich krankgelegen, nach
Alkala mir geschrieben. Stets hab ich
Auf meinem Herzen ihn getragen. Mich
Von diesem Brief zu trennen, fällt mir schwer.
Laß mir den Brief – nur den – das übrige
Nimm alles.

Er nimmt ihn heraus und gibt ihm die Brieftasche zurück.

MARQUIS.
Karl, ich tu es ungern. Just

Um diesen Brief war mirs zu tun.

CARLOS.

Leb wohl!

Er geht langsam und still weg, an der Türe bleibt er einen Augenblick stehen, kehrt wieder um und bringt ihm den Brief.

Da hast du ihn.

Seine Hand zittert. Tränen stürzen aus seinen Augen, er fällt dem Marquis um den Hals und drückt sein Gesicht wider dessen Brust.

Das kann mein Vater nicht?

Nicht wahr, mein Roderich? Das kann er doch nicht?

Er geht schnell fort.

Sechster Auftritt

Marquis sieht ihm erstaunt nach.

MARQUIS.

Wärs möglich? Wär es? Also hätt ich ihn
Doch nicht gekannt? Nicht ganz? In seinem Herzen
Wär diese Falte wirklich mir entgangen?
Mißtrauen gegen seinen Freund!
Nein! Es ist Lästerung! – Was tat er mir,
Daß ich der Schwächen schwächster ihn verklage?
Was ich ihn zeihe, werd ich selbst – Befremden –
Das mag es ihn, das glaub ich gern. Wann hätte
Er dieser seltsamen Verschlossenheit
Zu seinem Freunde sich versehn? – Auch schmerzen!
Ich kann dirs nicht ersparen, Karl, und länger
Muß ich noch deine gute Seele quälen.
Der König glaubte dem Gefäß, dem er
Sein heiliges Geheimnis übergeben,
Und Glauben fordert Dankbarkeit. Was wäre
Geschwätzigkeit, wenn mein Verstummen dir
Nicht Leiden bringt? Vielleicht erspart? Warum
Dem Schlafenden die Wetterwolke zeigen,
Die über seinem Scheitel hängt? – Genug,
Daß ich sie still an dir vorüberführe

Und, wenn du aufwachst, heller Himmel ist.

Er geht ab.

Kabinett des Königs.

Siebenter Auftritt

Der König in einem Sessel – neben ihm die Infantin Klara Eugenia.

KÖNIG *nach einem tiefen Stillschweigen.*
Nein! Es ist dennoch meine Tochter – Wie
Kann die Natur mit solcher Wahrheit lügen?
Dies blaue Auge ist ja mein! Find ich
In jedem dieser Züge mich nicht wieder?
Kind meiner Liebe, ja, du bists. Ich drücke
Dich an mein Herz – du bist mein Blut.

Er stutzt und hält inne.

Mein Blut!
Was kann ich Schlimmres fürchten? Meine Züge,
Sie sind die seinigen nicht auch?

Er hat das Medaillon in die Hand genommen und sieht wechselsweise auf das Bild und in einen gegenüberstehenden Spiegel – endlich wirft er es zur Erde, steht schnell auf und drückt die Infantin von sich.

Weg! Weg!
In diesem Abgrund geh ich unter.

Achter Auftritt

Graf Lerma. Der König.

LERMA.
Eben
Sind Ihre Majestät die Königin
Im Vorgemach erschienen.

KÖNIG.
Jetzt?

171

LERMA.
Und bitten
Um gnädigstes Gehör –
KÖNIG.
Jetzt aber? Jetzt?
In dieser ungewohnten Stunde? – Nein!
Jetzt kann ich sie nicht sprechen – jetzt nicht

LERMA.
Hier
Sind Ihre Majestät schon selbst –
Er geht ab.

Neunter Auftritt

Der König. Die Königin tritt herein. Die Infantin.
Die letztere fliegt ihr entgegen und schmiegt sich an sie an.
Sie fällt vor dem König nieder, welcher stumm und verwirrt steht.
KÖNIGIN.
Mein Herr
Und mein Gemahl – ich muß – ich bin gezwungen,
Vor Ihrem Thron Gerechtigkeit zu suchen.
KÖNIG.
Gerechtigkeit? –
KÖNIGIN.
Unwürdig seh ich mir
An diesem Hof begegnet. Meine
Schatulle ist erbrochen –
KÖNIG.
Was?
KÖNIGIN.
Und Sachen
Von großem Wert für mich daraus verschwunden –
KÖNIG.
Von großem Wert für Sie –

KÖNIGIN.
Durch die Bedeutung,
Die eines Unbelehrten Dreistigkeit
Vermögend wäre –

KÖNIG.
Dreistigkeit- Bedeutung –
Doch – stehn Sie auf.

KÖNIGIN.
Nicht eher, mein Gemahl,
Bis Sie durch ein Versprechen sich gebunden,
Kraft Ihres königlichen Arms zu meiner
Genugtuung den Täter mir zu stellen,
Wo nicht, von einem Hofstaat mich zu trennen,
Der meinen Dieb verbirgt –

KÖNIG.
Stehn Sie doch auf –
In dieser Stellung – Stehn Sie auf –

KÖNIGIN *steht auf.*
Daß er
Von Range sein muß, weiß ich – denn in der
Schatulle lag an Perlen und Demanten
Weit über eine Million, und er
Begnügte sich mit Briefen –

KÖNIG.
Die ich doch –

KÖNIGIN.
Recht gerne, mein Gemahl. Es waren Briefe
Und ein Medaillon von dem Infanten.

KÖNIG.
Von –

KÖNIGIN.
Dem Infanten, Ihrem Sohn.

KÖNIG.
An Sie?

KÖNIGIN.
An mich.

KÖNIG.
Von dem Infanten? Und das sagen
Sie mir?

KÖNIGIN.
Warum nicht Ihnen, mein Gemahl?

KÖNIG.
Mit dieser Stirne?

KÖNIGIN.
Was fällt Ihnen auf?
Ich denke, Sie erinnern sich der Briefe,
Die mit Bewilligung von beiden Kronen
Don Carlos mir nach Saint Germain geschrieben.
Ob auch das Bild, womit er sie begleitet,
In diese Freiheit einbedungen worden,
ob seine rasche Hoffnung eigenmächtig
Sich diesen kühnen Schritt erlaubt – das will
Ich zu entscheiden mich nicht unterfangen.
Wenns Übereilung war, so war es die
Verzeihlichste – da bin ich für ihn Bürge.
Denn damals fiel ihm wohl nicht bei, daß es
Für seine Mutter wäre –

Sieht die Bewegung des Königs.

Was ist das?
Was haben Sie?

INFANTIN *welche unterdessen das Medaillon auf dem Boden
gefunden und damit gespielt hat, bringt es der Königin.*
Ah! Sieh da, meine Mutter!
Das schöne Bild –

KÖNIGIN.
Was denn, mein –

*Sie erkennt das Medaillon und bleibt in sprachloser Erstarrung
stehen. Beide sehen einander mit unverwandten Augen an. Nach
einem langen Stillschweigen.*

Wahrlich, Sire!
Dies Mittel, seiner Gattin Herz zu prüfen,
Dünkt mir sehr königlich und edel – Doch
Noch eine Frage möcht ich mit erlauben.

KÖNIG.
Das Fragen ist an mir.

KÖNIGIN.
Durch meinen Argwohn
Soll doch die Unschuld wenigstens nicht leiden. –
Wenn also dieser Diebstahl Ihr Befehl
Gewesen –

KÖNIG.
Ja.

KÖNIGIN.
Dann hab ich niemand anzuklagen
Und niemand weiter zu bedauern – niemand
Als Sie, dem die Gemahlin nicht geworden,
Bei welcher solche Mittel sich verlohnen.

KÖNIG.
Die Sprache kenn ich. – Doch, Madam,
Zum zweiten Male soll sie mich nicht täuschen,
Wie in Aranjuez sie mich getäuscht.
Die engelreine Königin, die damals
Mit soviel Würde sich verteidigt – jetzt
Kenn ich sie besser.

KÖNIGIN.
Was ist das?

KÖNIG.
Kurz also
Und ohne Hinterhalt, Madam! – Ists wahr,
Noch wahr, daß Sie mit niemand dort gesprochen?
Mit niemand? Ist das wirklich wahr?

KÖNIGIN.
Mit dem Infanten
Hab ich gesprochen. Ja.

KÖNIG.
Ja? – Nun, so ists
Am Tage. Es ist offenbar. So frech!
So wenig Schonung meiner Ehre!

KÖNIGIN.
Ehre, Sire?
Wenn Ehre zu verletzen war, so, fürcht ich,
Stand eine größre auf dem Spiel, als mir
Kastilien zur Morgengabe brachte.

KÖNIG.
Warum verleugneten Sie mir?

KÖNIGIN.
Weil ich
Es nicht gewohnt bin, Sire, in Gegenwart
Der Höflinge, auf Delinquentenweise
Verhören mich zu lassen. Wahrheit werde
Ich nie verleugnen, wenn mit Ehrerbietung
Und Güte sie gefordert wird. – Und war
Das wohl der Ton, den Eure Majestät
Mir in Aranjuez zu hören gaben?
Ist etwa die versammelte Grandezza
Der Richterstuhl, vor welchen Königinnen
Zu ihrer stillen Taten Rechenschaft
Gezogen werden? Ich gestattete
Dem Prinzen die Zusammenkunft, um die
Er dringend bat. Ich tat es, mein Gemahl,
Weil ich es wollte – weil ich den Gebrauch
Nicht über Dinge will zum Richter setzen,
Die ich für tadellos erkannt – und Ihnen
Verbarg ich es, weil ich nicht lüstern war,
Mit Eurer Majestät um diese Freiheit
Vor meinem Hofgesinde mich zu streiten.

KÖNIG.
Sie sprechen kühn, Madam, sehr –

KÖNIGIN.
Und auch darum,

Setz ich hinzu, weil der Infant doch schwerlich
Der Billigkeit, die er verdient, sich zu
Erfreuen hat in seines Vaters Herzen –

KÖNIG.
Die er verdient?

KÖNIGIN.
Denn warum soll ich es
Verbergen, Sire? – ich schätz ihn sehr und lieb ihn,
Als meinen teuersten Verwandten, der
Einst wert befunden worden, einen Namen
Zu führen, der mich mehr anging – Ich habe
Noch nicht recht einsehn lernen, daß er mir
Gerade darum fremder sollte sein
Als jeder andre, weil er ehedem
Vor jedem andern teuer mir gewesen.
Wenn Ihre Staatsmaxime Bande knüpft,
Wie sie für gut es findet, soll es ihr
Doch etwas schwerer werden, sie zu lösen.
Ich will nicht hassen, wen ich soll – und weil
Man endlich doch zu reden mich gezwungen –
Ich will es nicht – will meine Wahl nicht länger
Gebunden sehn –

KÖNIG.
Elisabeth! Sie haben
In schwachen Stunden mich gesehen. Diese
Erinnerung macht Sie so kühn. Sie trauen
Auf eine Allmacht, die Sie oft genug
An meiner Festigkeit geprüft – Doch fürchten
Sie desto mehr. Was bis zu Schwächen mich
Gebracht, kann auch zu Raserei mich führen.

KÖNIGIN.
Was hab ich denn begangen?

KÖNIG *nimmt ihre Hand.*
Wenn es ist,
Doch ist – und ist es denn nicht schon? – wenn Ihrer
Verschuldung volles, aufgehäuftes Maß

Auch nur um eines Atems Schwere steigt –
Wenn ich der Hintergangne bin –

Er läßt ihre Hand los.

Ich kann
Auch über diese letzte Schwäche siegen.
Ich kanns und wills – Dann wehe mir und Ihnen,
Elisabeth!

KÖNIGIN.
Was hab ich denn begangen?

KÖNIG.
Dann meinetwegen fließe Blut –

KÖNIGIN.
So weit
Ist es gekommen – Gott!

KÖNIG.
Ich kenne
Mich selbst nicht mehr – ich ehre keine Sitte
Und keine Stimme der Natur und keinen
Vertrag der Nationen mehr –

KÖNIGIN.
Wie sehr
Beklag ich Eure Majestät –

KÖNIG *außer Fassung.*
Beklagen!
Das Mitleid einer Buhlerin –

INFANTIN *hängt sich erschrocken an ihre Mutter.*
Der König zürnt,
Und meine schöne Mutter weint.

König stößt das Kind unsanft von der Königin.

KÖNIGIN *mit Sanftmut und Würde, aber mit zitternder Stimme.*
Dies Kind
Muß ich doch sicherstellen vor Mißhandlung.
Komm mit mir, meine Tochter.

Sie nimmt sie auf den Arm.

Wenn der König
Dich nicht mehr kennen will, so muß ich jenseits
Der Pyrenäen Bürgen kommen lassen,
Die unsre Sache führen.

Sie will gehen.

KÖNIG *betreten.*
Königin?

KÖNIGIN.
Ich kann nicht mehr – das ist zuviel –

*Sie will die Türe erreichen und fällt mit dem Kinde an der Schwelle
zu Boden.*

KÖNIG *hinzueilend, voll Bestürzung.*
Gott! Was ist das? –

INFANTIN *ruft voll Schrecken.*
Ach! Meine Mutter blutet!

Sie eilt hinaus.

KÖNIG *ängstlich um sie beschäftigt.*
Welch fürchterlicher Zufall! Blut! Verdien ich,
Daß Sie so hart mich strafen? Stehn Sie auf
Erholen Sie sich! Stehn Sie auf! Man kommt!
Man überrascht uns – Stehn Sie auf – Soll sich
Mein ganzer Hof an diesem Schauspiel weiden?
Muß ich Sie bitten, aufzustehn?

Sie richtet sich auf, von dem König unterstützt.

Zehnter Auftritt

*Die Vorigen. Alba, Domingo treten erschrocken herein. Damen
folgen.*

KÖNIG.
Man bringe
Die Königin zu Hause. Ihr ist übel.

*Die Königin geht ab, begleitet von den Damen. Alba und Domingo
treten näher.*

179

ALBA.

Die Königin in Tränen, und auf ihrem
Gesichte Blut –

KÖNIG.

Das nimmt die Teufel wunder,
Die mich verleitet haben.

DOMINGO.

Wir?

KÖNIG.

Die mir
Genug gesagt, zum Rasen mich zu bringen,
Zu meiner Überzeugung nichts.

ALBA.

Wir gaben,
Was wir gehabt –

KÖNIG.

Die Hölle dank es Euch.
Ich habe, was mich reut, getan. War das
Die Sprache eines schuldigen Gewissens?

MARQUIS VON POSA *noch außerhalb der Szene.*
Ist der Monarch zu sprechen?

Elfter Auftritt

Marquis von Posa. Die Vorigen.

KÖNIG *bei dieser Stimme lebhaft auffahrend und dem Marquis
einige Schritte entgegengehend.*

Ah! Das ist er!
Seid mir willkommen, Marquis – Eurer, Herzog,
Bedarf ich jetzt nicht mehr. Verlaßt uns.

*Alba und Domingo sehen einander mit stummer Verwunderung an
und gehen.*

Zwölfter Auftritt

Der König und Marquis von Posa.

MARQUIS.
Sire!
Dem alten Manne, der in zwanzig Schlachten
Dem Tod für Sie entgegenging, fällt es
Doch hart, sich so entfernt zu sehn!

KÖNIG.
Euch ziemt
Es, so zu denken, so zu handeln mir.
Was Ihr in wenig Stunden mir gewesen,
War er in einem Menschenalter nicht.
Ich will nicht heimlichtun mit meinem Wohlgefallen;
Das Siegel meiner königlichen Gunst
Soll hell und weit auf Eurer Stirne leuchten.
Ich will den Mann, den ich zum Freund gewählt,
Beneidet sehn.

MARQUIS.
Und dann auch, wenn die Hülle
Der Dunkelheit allein ihn fähig machte,
Des Namens wertzusein?

KÖNIG.
Was bringt
Ihr mir?

MARQUIS.
Als ich das Vorgemach durchgehe,
Hör ich von einem schrecklichen Gerüchte,
Das mir unglaublich deucht – Ein heftiger
Wortwechsel – Blut – die Königin –

KÖNIG.
Ihr kommt von dort?

MARQUIS.
Entsetzen sollt es mich,
Wenn das Gerücht nicht unrecht hätte, wenn
Von Eurer Majestät indes vielleicht

Etwas geschehen wäre – Wichtige
Entdeckungen, die ich gemacht, verändern
Der Sache ganze Lage.

KÖNIG.

Nun?

MARQUIS.

Ich fand
Gelegenheit, des Prinzen Portefeuille
Mit einigen Papieren wegzunehmen,
Die, wie ich hoffe, eines Licht –

Er gibt Carlos' Brieftasche dem König.

KÖNIG *durchsucht sie begierig.*
Ein Schreiben
Vom Kaiser, meinem Vater – – Wie? Von dem
Ich nie gehört zu haben mich entsinne?

Er liest es durch, legt es beiseite und eilt zu den andern Papieren.

Der Plan zu einer Festung – Abgerißne
Gedanken aus dem Tacitus – Und was
Denn hier? – Die Hand sollt ich doch kennen!
Es ist von einer Dame.

Er liest aufmerksam, bald laut, bald leise.

»Dieser Schlüssel – –
Die hintern Zimmer im Pavillon
Der Königin« – – Ha! Was wird das? – »Hier darf
Die Liebe frei – Erhörung – schöner Lohn« –
Satanische Verräterei! Jetzt kenn ichs,
Sie ist es. Es ist ihre Hand!

MARQUIS.

Die Hand
Der Königin? Unmöglich –

KÖNIG.

Der Prinzessin
Von Eboli –

MARQUIS.
So wär es wahr, was mir
Unlängst der Page Henarez gestanden,
Der Brief und Schlüssel überbrachte.

KÖNIG *des Marquis Hand fassend, in heftiger Bewegung.*
Marquis!
Ich sehe mich in fürchterlichen Händen!
Dies Weib – Ich will es nur gestehen – Marquis,
Dies Weib erbrach der Königin Schatulle,
Die erste Warnung kam von ihr – Wer weiß,
Wieviel der Mönch drum wissen mag – Ich bin
Durch ein verruchtes Bubenstück betrogen.

MARQUIS.
Dann wär es ja noch glücklich –

KÖNIG.
Marquis! Marquis!
Ich fange an zu fürchten, daß ich meiner
Gemahlin doch zuviel getan –

MARQUIS.
Wenn zwischen
Dem Prinzen und der Königin geheime
Verständnisse gewesen sind, so waren
Sie sicherlich von weit – weit anderm Inhalt,
Als dessen man sie angeklagt. Ich habe
Gewisse Nachricht, daß des Prinzen Wunsch,
Nach Flandern abzureisen, in dem Kopfe
Der Königin entsprang.

KÖNIG.
Ich glaubt es immer.

MARQUIS.
Die Königin hat Ehrgeiz – Darf ich mehr
Noch sagen? – Mit Empfindlichkeit sieht sie
In ihrer stolzen Hoffnung sich getäuscht
Und von des Thrones Anteil ausgeschlossen.
Des Prinzen rasche Jugend bot sich ihren
Weitblickenden Entwürfen dar – ihr Herz –

183

Ich zweifle, ob sie lieben kann.

KÖNIG.
Vor ihren
Staatsklugen Planen zittr ich nicht.

MARQUIS.
Ob sie geliebt wird? – Ob von dem Infanten
Nichts Schlimmeres zu fürchten? Diese Frage
Scheint mir der Untersuchung wert. Hier, glaub ich,
Ist eine strengre Wachsamkeit vonnöten –

KÖNIG.
Ihr haftet mir für ihn. –

MARQUIS *nach einigem Bedenken.*
Wenn Eure Majestät
Mich fähig halten, dieses Amt zu führen,
So muß ich bitten, es uneingeschränkt
Und ganz in meine Hand zu übergeben.

KÖNIG.
Das soll geschehen.

MARQUIS.
Wenigstens durch keinen
Gehülfen, welchen Namen er auch habe,
In Unternehmungen, die ich etwa
Für nötig finden könnte, mich zu stören –

KÖNIG.
Durch keinen. Ich versprech es Euch. Ihr wart
Mein guter Engel. Wieviel Dank bin ich
Für diesen Wink Euch schuldig!

Zu Lerma, der bei den letzten Worten hereintritt.

Wie verließt Ihr
Die Königin?

LERMA.
Noch sehr erschöpft von ihrer Ohnmacht.

Er sieht den Marquis mit zweideutigen Blicken an und geht.

MARQUIS *nach einer Pause zum König.*
Noch eine Vorsicht scheint mir nötig.
Der Prinz, fürcht ich, kann Warnungen erhalten.
Er hat der guten Freunde viel – vielleicht
Verbindungen in Gent mit den Rebellen.
Die Furcht kann zu verzweifelten Entschlüssen
Ihn führen – Darum riet' ich an, gleich jetzt
Vorkehrungen zu treffen, diesem Fall
Durch ein geschwindes Mittel zu begegnen.

KÖNIG.
Ihr habt ganz recht. Wie aber –

MARQUIS.
Ein geheimer
Verhaftsbefehl, den Eure Majestät
In meine Hände niederlegen, mich
Im Augenblicke der Gefahr sogleich
Desselben zu bedienen – und –

Wie sich der König zu bedenken scheint.

Es bliebe
Fürs erste Staatsgeheimnis, bis –

KÖNIG *zum Schreibpult gehend und den Verhaftsbefehl*
niederschreibend.
Das Reich
Ist auf dem Spiele – Außerordentliche Mittel
Erlaubt die dringende Gefahr – Hier, Marquis –
Euch brauch ich keine Schonung zu empfehlen –

MARQUIS *empfängt den Verhaftsbefehl.*
Es ist aufs Äußerste, mein König.

KÖNIG *legt die Hand auf seine Schulter.*
Geht,
Geht, lieber Marquis – Ruhe meinem Herzen
Und meinen Nächten Schlaf zurückzubringen.

Beide gehen ab zu verschiedenen Seiten.

Galerie.

Dreizehnter Auftritt

Carlos kommt in der größten Beängstigung. Graf Lerma ihm entgegen.

CARLOS.
Sie such ich eben.

LERMA.
Und ich Sie.

CARLOS.
Ists wahr?
Um Gottes willen, ist es wahr?

LERMA.
Was denn?

CARLOS.
Daß er den Dolch nach ihr gezückt? daß man
Aus seinem Zimmer blutig sie getragen?
Bei allen Heiligen! Antworten Sie!
Was muß ich glauben? was ist wahr?

LERMA.
Sie fiel
Ohnmächtig hin und ritzte sich im Fallen.
Sonst war es nichts.

CARLOS.
Sonst hat es nicht Gefahr?
Sonst nicht? Bei Ihrer Ehre, Graf?

LERMA.
Nicht für
Die Königin – doch desto mehr für Sie.

CARLOS.
Für meine Mutter nicht! Nun, Gott sei Dank!
Mir kam ein schreckliches Gerücht zu Ohren,
Der König rase gegen Kind und Mutter,
Und ein Geheimnis sei entdeckt.

LERMA.
Das letzte
Kann auch wohl wahr sein –

CARLOS.
Wahr sein! Wie?

LERMA.
Prinz, eine Warnung gab ich Ihnen heute,
Die Sie verachtet haben. Nützen Sie
Die zwote besser.

CARLOS.
Wie?

LERMA.
Wenn ich mich anders
Nicht irre, Prinz, sah ich vor wengen Tagen
Ein Portefeuille von himmelblauem Samt,
Mit Gold durchwirkt, in Ihrer Hand –

CARLOS *etwas bestürzt.*
So eins
Besitz ich. Ja – Nun? –

LERMA.
Auf der Decke, glaub ich,
Ein Schattenriß, mit Perlen eingefaßt –

CARLOS.
Ganz recht.

LERMA.
Als ich vorhin ganz unvermutet
Ins Kabinett des Königs trat, glaubt ich
Das nämliche in seiner Hand zu sehen,
Und Marquis Posa stand bei ihm –

CARLOS *nach einem kurzen erstarrenden Stillschweigen, heftig.*
Das ist
Nicht wahr.

LERMA *empfindlich.*
Dann freilich bin ich ein Betrüger.

CARLOS *sieht ihn lange an.*
Der sind Sie. Ja.

LERMA.
Ach! ich verzeih es Ihnen.

CARLOS *geht in schrecklicher Bewegung auf und nieder und bleibt endlich vor ihm stehen.*
Was hat er dir zuleid getan? Was haben
Die unschuldsvollen Bande dir getan,
Die du mit höllischer Geschäftigkeit
Zu reißen dich beeiferst?

LERMA.
Prinz, ich ehre
Den Schmerz, der Sie unbillig macht.

CARLOS.
O Gott!
Gott! – Gott! Bewahre mich vor Argwohn!

LERMA.
Auch
Erinnr ich mich des Königs eigner Worte:
Wie vielen Dank, sagt' er, als ich hereintrat,
Bin ich für diese Neuigkeit Euch schuldig!

CARLOS.
O stille! stille!

LERMA.
Herzog Alba soll
Gefallen sein – dem Prinzen Ruy Gomez
Das große Siegel abgenommen und
Dem Marquis übergeben sein –

CARLOS *in tiefes Grübeln verloren.*
Und mir verschwieg er!
Warum verschwieg er mir?

LERMA.
Der ganze Hof
Staunt ihn schon als allmächtigen Minister,
Als unumschränkten Günstling an –

CARLOS.
Er hat
Mich liebgehabt, sehr lieb. Ich war ihm teuer
Wie seine eigne Seele. O, das weiß ich –
Das haben tausend Proben mir erwiesen.
Doch sollen Millionen ihm, soll ihm
Das Vaterland nicht teurer sein als einer?
Sein Busen war für einen Freund zu groß,
Und Carlos' Glück zu klein für seine Liebe.
Er opferte mich seiner Tugend. Kann
Ich ihn drum schelten? – Ja, es ist gewiß!
Jetzt ists gewiß. Jetzt hab ich ihn verloren.

Er geht seitwärts und verhüllt das Gesicht.

LERMA *nach einigem Stillschweigen.*
Mein bester Prinz, was kann ich für Sie tun?

CARLOS *ohne ihn anzusehen.*
Zum König gehen und mich auch verraten.
Ich habe nichts zu schenken.

LERMA.
Wollen Sie
Erwarten, was erfolgen mag?

CARLOS *stützt sich auf das Geländer und sieht starr vor sich hinaus.*
Ich hab ihn
Verloren. O! Jetzt bin ich ganz verlassen!

LERMA *nähert sich ihm mit teilnehmender Rührung.*
Sie wollen nicht auf Ihre Rettung denken?

CARLOS.
Auf meine Rettung? – Guter Mensch!

LERMA.
Und sonst,
Sonst haben Sie für niemand mehr zu zittern?

CARLOS *fährt auf.*
Gott! Woran mahnen Sie mich! – Meine Mutter!
Der Brief, den ich ihm wiedergab! ihm erst
Nicht lassen wollte und doch ließ!

Er geht, heftig die Hände ringend, auf und nieder.
Womit
Hat sie es denn verdient um ihn? Sie hätt er
Doch schonen sollen. Lerma, hätt er nicht?
Rasch entschlossen.
Ich muß zu ihr – ich muß sie warnen, muß
Sie vorbereiten – Lerma, lieber Lerma
Wen schick ich denn? Hab ich denn niemand mehr?
Gott sei gelobt! Noch einen Freund – und hier
Ist nichts mehr zu verschlimmern.
Schnell ab.
LERMA *folgt ihm und ruft ihm nach.*
Prinz! Wohin?
Geht ab.
Ein Zimmer der Königin.

Vierzehnter Auftritt

Die Königin. Alba. Domingo.
ALBA.
Wenn uns vergönnt ist, große Königin –
KÖNIGIN.
Was steht zu Ihren Diensten?
DOMINGO.
Redliche Besorgnis
Für Ihrer Königlichen Majestät
Erhabene Person erlaubt uns nicht,
Bei einem Vorfall müßig stillzuschweigen,
Der Ihre Sicherheit bedroht.
ALBA.
Wir eilen,
Durch unsre zeitge Warnung ein Komplott,
Das wider Sie gespielt wird, zu entkräften –

DOMINGO.
Und unsern Eifer – unsre Dienste zu
Den Füßen Ihrer Majestät zu legen.

KÖNIGIN *sieht sie verwundernd an.*
Hochwürdger Herr, und Sie, mein edler Herzog,
Sie überraschen mich wahrhaftig. Solcher
Ergebenheit war ich mir von Domingo
Und Herzog Alba wirklich nicht vermutend.
Ich weiß, wie ich sie schätzen muß – Sie nennen
Mir ein Komplott, das mich bedrohen soll.
Darf ich erfahren, wer – –

ALBA.
Wir bitten Sie,
Vor einem Marquis Posa sich zu hüten,
Der für des Königs Majestät geheime
Geschäfte führt.

KÖNIGIN.
Ich höre mit Vergnügen,
Daß der Monarch so gut gewählt. Den Marquis
Hat man mir längst als einen guten Menschen,
Als einen großen Mann gerühmt. Nie ward
Die höchste Gunst gerechter ausgeteilt –

DOMINGO.
Gerechter ausgeteilt? Wir wissens besser.

ALBA.
Es ist längst kein Geheimnis mehr, wozu
Sich dieser Mensch gebrauchen lassen.

KÖNIGIN.
Wie?
Was wär denn das? Sie spannen meine ganze
Erwartung.

DOMINGO.
– Ist es schon von lange,
Daß Ihre Majestät zum letztenmal in Ihrer
Schatulle nachgesehen?

KÖNIGIN.
Wie?

DOMINGO.
Und haben
Sie nichts darin vermißt von Kostbarkeiten?

KÖNIGIN.
Wieso? Warum? Was ich vermisse, weiß
Mein ganzer Hof- Doch Marquis Posa? Wie
Kommt Marquis Posa damit in Verbindung?

ALBA.
Sehr nahe, Ihre Majestät – denn auch
Dem Prinzen fehlen wichtige Papiere,
Die in des Königs Händen diesen Morgen
Gesehen worden – als der Chevalier
Geheime Audienz gehabt.

KÖNIGIN *nach einigem Nachdenken.*
Seltsam,
Bei Gott! und äußerst sonderbar! – Ich finde
Hier einen Feind, von dem mir nie geträumt,
Und wiederum zwei Freunde, die ich nie besessen
Zu haben mich entsinnen kann – Denn wirklich

Indem sie einen durchdringenden Blick auf beide heftet.

Muß ich gestehn, ich war schon in Gefahr,
Den schlimmen Dienst, der mir bei meinem Herrn
Geleistet worden – Ihnen zu vergeben.

ALBA.
Uns?

KÖNIGIN.
Ihnen.

DOMINGO.
Herzog Alba! Uns!

KÖNIGIN *noch immer die Augen fest auf sie gerichtet.*
Wie lieb
Ist es mir also, meiner Übereilung
So bald gewahrzuwerden – Ohnehin

Hatt ich beschlossen, Seine Majestät
Noch heut zu bitten, meinen Kläger mir
Zu stellen. Um so besser nun! So kann ich
Auf Herzog Albas Zeugnis mich berufen.

ALBA.
Auf mich? Das wollten Sie im Ernst?

KÖNIGIN.
Warum nicht?

DOMINGO.
Um alle Dienste zu entkräften, die
Wir Ihnen im verborgnen –

KÖNIGIN.
Im verborgnen?

Mit Stolz und Ernst.

Ich wünschte doch zu wissen, Herzog Alba,
Was Ihres Königs Frau mit Ihnen, oder
Mit Ihnen, Priester, abzureden hätte,
Das ihr Gemahl nicht wissen darf – Bin ich
Unschuldig oder schuldig?

DOMINGO.
Welche Frage!

ALBA.
Doch, wenn der König so gerecht nicht wäre?
Es jetzt zum mindesten nicht wäre?

KÖNIGIN.
Dann
Muß ich erwarten, bis ers wird – Wohl dem,
Der zu gewinnen hat, wenn ers geworden!

*Sie macht ihnen eine Verbeugung und geht ab; jene entfernen, sich
nach einer andern Seite.*

Zimmer der Prinzessin von Eboli.

Funfzehnter Auftritt

Prinzessin von Eboli. Gleich darauf Carlos.

EBOLI.
So ist sie wahr, die außerordentliche Zeitung,
Die schon den ganzen Hof erfüllt?

CARLOS *tritt herein.*
Erschrecken Sie
Nicht, Fürstin! Ich will sanft sein, wie ein Kind.

EBOLI.
Prinz – diese Überraschung.

CARLOS.
Sind Sie noch
Beleidigt? Noch?

EBOLI.
Prinz!

CARLOS *dringender.*
Sind Sie noch beleidigt?
Ich bitte, sagen Sie es mir.

EBOLI.
Was soll das?
Sie scheinen zu vergessen, Prinz – Was suchen
Sie bei mir?

CARLOS *ihre Hand mit Heftigkeit fassend.*
Mädchen, kannst du ewig hassen?
Verzeiht gekränkte Liebe nie?

EBOLI *will sich losmachen.*
Woran
Erinnern Sie mich, Prinz?

CARLOS.
An deine Güte
Und meinen Undank – Ach! ich weiß es wohl!
Schwer hab ich dich beleidigt, Mädchen, habe

Dein sanftes Herz zerrissen, habe Tränen
Gepreßt aus diesen Engelblicken – ach!
Und bin auch jetzt nicht hier, es zu bereuen.

EBOLI.
Prinz, lassen Sie mich – ich –

CARLOS.
Ich bin gekommen,
Weil du ein sanftes Mädchen bist, weil ich
Auf deine gute, schöne Seele baue.
Sieh, Mädchen, sieh, ich habe keinen Freund mehr
Auf dieser Welt als dich allein. Einst warst
Du mir so gut – du wirst nicht ewig hassen
Und wirst nicht unversöhnlich sein.

EBOLI *wendet das Gesicht ab.*
O stille!
Nichts mehr, um Gottes willen, Prinz –

CARLOS.
Laß mich
An jene goldne Zeiten dich erinnern –
An deine Liebe laß mich dich erinnern,
An deine Liebe, Mädchen, gegen die
Ich so unwürdig mich verging. Laß mich
Jetzt geltenmachen, was ich dir gewesen,
Was deines Herzens Träume mir gegeben –
Noch einmal – nur noch einmal stelle mich
So, wie ich damals war, vor deine Seele
Und diesem Schatten opfre, was du mir,
Mir ewig nie mehr opfern kannst!

EBOLI.
O Karl!
Wie grausam spielen Sie mit mir!

CARLOS.
Sei größer
Als dein Geschlecht. Vergiß Beleidigungen,
Tu, was vor dir kein Weib getan – nach dir
Kein Weib mehr tun wird. Etwas Unerhörtes

Fordr ich von dir – Laß mich – auf meinen Knien
Beschwör ich dich – laß mich, zwei Worte laß mich
Mit meiner Mutter sprechen.

Er wirft sich vor ihr nieder.

Sechszehnter Auftritt

*Die Vorigen. Marquis von Posa stürzt herein, hinter ihm zwei
Offiziere der königlichen Leibwache.*

MARQUIS *atemlos, außer sich dazwischentretend.*
Was hat er
Gestanden? Glauben Sie ihm nicht.

CARLOS *noch auf den Knien, mit erhobner Stimme.*
Bei allem,
Was heilig –

MARQUIS *unterbricht ihn mit Heftigkeit.*
Er ist rasend. Hören Sie
Den Rasenden nicht an.

CARLOS *lauter, dringender.*
Es gilt um Tod
Und Leben. Führen Sie mich zu ihr.

MARQUIS *zieht die Prinzessin mit Gewalt von ihm.*
Ich
Ermorde Sie, wenn Sie ihn hören.

Zu einem von den Offizieren.

Graf
Von Cordua. Im Namen des Monarchen.

Er zeigt den Verhaftsbefehl.

Der Prinz ist Ihr Gefangener.

*Carlos steht erstarrt, wie vom Donner gerührt. Die Prinzessin stößt
einen Laut des Schreckens aus und will fliehen, die Offiziere
erstaunen. Eine lange und tiefe Pause. Man sieht den Marquis sehr
heftig zittern und mit Mühe seine Fassung behalten. Zum Prinzen.*

Ich bitte

Um Ihren Degen – Fürstin Eboli,
Sie bleiben; und

Zu dem Offizier.

Sie haften mir dafür,
Daß Seine Hoheit niemand spreche – niemand –
Sie selbst nicht, bei Gefahr des Kopfs!

*Er spricht noch einiges leise mit dem Offizier, darauf wendet er sich
zum andern.*

Ich werfe
Sogleich mich selbst zu des Monarchen Füßen,
Ihm Rechenschaft zu geben –

Zu Carlos.

Und auch Ihnen –
Erwarten Sie mich, Prinz – in einer Stunde.

*Carlos läßt sich ohne Zeichen des Bewußtseins hinwegführen. – Nur
im Vorübergehen läßt er einen matten, sterbenden Blick auf den
Marquis fallen, der sein Gesicht verhüllt. Die Prinzessin versucht es
noch einmal zu entfliehen; der Marquis führt sie beim Arme zurück.*

Siebzehnter Auftritt

Prinzessin von Eboli. Marquis von Posa.

EBOLI.
Um aller Himmel willen, lassen Sie
Mich diesen Ort –

MARQUIS *führt sie ganz vor, mit fürchterlichem Ernst.*
Was hat er dir gesagt,
Unglückliche?

EBOLI.
Nichts – Lassen Sie mich – Nichts –

MARQUIS *hält sie mit Gewalt zurück. Ernster.*
Wieviel hast du erfahren? Hier ist kein
Entrinnen mehr. Du wirst auf dieser Welt
Es niemand mehr erzählen.

EBOLI *sieht ihm erschrocken ins Gesicht.*
Großer Gott!
Was meinen Sie damit? Sie wollen mich
Doch nicht ermorden?

MARQUIS *zieht einen Dolch.*
In der Tat, das bin
Ich sehr gesonnen. Mach es kurz.

EBOLI.
Mich? mich?
O! ewige Barmherzigkeit! Was hab
Ich denn begangen?

MARQUIS *zum Himmel sehend, den Dolch auf ihre Brust gesetzt.*
Noch ists Zeit. Noch trat
Das Gift nicht über diese Lippen. Ich
Zerschmettre das Gefäß, und alles bleibt,
Wie es gewesen – Spaniens Verhängnis
Und eines Weibes Leben! –

Er bleibt in dieser Stellung zweifelhaft ruhen.

EBOLI *ist an ihm niedergesunken und sieht ihm fest ins Gesicht.*
Nun? Was zaudern Sie?
Ich bitte nicht um Schonung – Nein! Ich habe
Verdient zu sterben, und ich wills.

MARQUIS *läßt die Hand langsam sinken. Nach einem kurzen Besinnen.*

Das wäre
So feig, als es barbarisch ist – Nein, nein!
Gott sei gelobt! – Noch gibts ein andres Mittel!

Er läßt den Dolch fallen und eilt hinaus. Die Prinzessin stürzt fort durch eine andere Türe.

Ein Zimmer der Königin.

Achtzehnter Auftritt

Die Königin zur Gräfin Fuentes.

Was für ein Auflauf im Palaste? Jedes
Getöse, Gräfin, macht mir heute Schrecken.
O, sehen Sie doch nach und sagen mir,
Was es bedeutet.

*Die Gräfin Fuentes geht ab, und hereinstürzt die Prinzessin von
Eboli.*

Neunzehnter Auftritt

Königin. Prinzessin von Eboli.

EBOLI *atemlos, bleich und entstellt, vor der Königin
niedergesunken.*
Königin! Zu Hülfe!
Er ist gefangen.

KÖNIGIN.
Wer?

EBOLI.
Der Marquis Posa
Nahm auf Befehl des Königs ihn gefangen.

KÖNIGIN.
Wen aber? Wen?

EBOLI.
Den Prinzen.

KÖNIGIN.
Rasest du?

EBOLI.
Soeben führen sie ihn fort.

KÖNIGIN.
Und wer
Nahm ihn gefangen?

EBOLI.
Marquis Posa.

KÖNIGIN.
Nun!
Gott sei gelobt, daß es der Marquis war,
Der ihn gefangennahm!

EBOLI.
Das sagen Sie
So ruhig, Königin? so kalt? – O Gott!
Sie ahnden nicht – Sie wissen nicht –

KÖNIGIN.
Warum er
Gefangen worden? – Eines Fehltritts wegen,
Vermut ich, der dem heftigen Charakter
Des Jünglings sehr natürlich war.

EBOLI.
Nein, nein!
Ich weiß es besser – Nein – O Königin!
Verruchte, teufelische Tat! – Für ihn
Ist keine Rettung mehr! Er stirbt!

KÖNIGIN.
Er stirbt?

EBOLI.
Und seine Mörderin bin ich!

KÖNIGIN.
Er stirbt!
Wahnsinnige, bedenkst du?

EBOLI.
Und warum –
Warum er stirbt! – O, hätt ich wissen können,
Daß es bis dahin kommen würde!

KÖNIGIN *nimmt sie gütig bei der Hand.*
Fürstin!
Noch sind Sie außer Fassung. Sammeln Sie
Erst Ihre Geister, daß Sie ruhiger,

Nicht in so grauenvollen Bildern, die
Mein Innerstes durchschauern, mir erzählen.
Was wissen Sie? Was ist geschehen?

EBOLI.
O!
Nicht diese himmlische Herablassung,
Nicht diese Güte, Königin! Wie Flammen
Der Hölle schlägt sie brennend mein Gewissen.
Ich bin nicht würdig, den entweihten Blick
Zu Ihrer Glorie emporzurichten.
Zertreten Sie die Elende, die sich,
Zerknirscht von Reue, Scham und Selbstverachtung,
Zu Ihren Füßen krümmt.

KÖNIGIN.
Unglückliche!
Was haben Sie mir zu gestehen?

EBOLI.
Engel
Des Lichtes! Große Heilige! Noch kennen,
Noch ahnden Sie den Teufel nicht, dem Sie
So liebevoll gelächelt – Lernen Sie
Ihn heute kennen. Ich – ich war der Dieb,
Der Sie bestohlen.

KÖNIGIN.
Sie?

EBOLI.
Und jene Briefe
Dem König ausgeliefert.

KÖNIGIN.
Sie?

EBOLI.
Der sich
Erdreistet hat, Sie anzuklagen –

KÖNIGIN.
Sie,

Sie konnten –

EBOLI.
Rache – Liebe – Raserei –
Ich haßte Sie und liebte den Infanten –

KÖNIGIN.
Weil Sie ihn liebten –?

EBOLI.
Weil ichs ihm gestanden
Und keine Gegenliebe fand.

KÖNIGIN *nach einem Stillschweigen.*
O, jetzt
Enträtselt sich mir alles! – Stehn Sie auf.
Sie liebten ihn – ich habe schon vergeben.
Es ist nun schon vergessen – Stehn Sie auf.

Sie reicht ihr den Arm.

EBOLI.
Nein! Nein!
Ein schreckliches Geständnis ist noch übrig.
Nicht eher, große Königin –

KÖNIGIN *aufmerksam.*
Was werd ich
Noch hören müssen? Reden Sie –

EBOLI.
Der König –
Verführung – O, Sie blicken weg – ich lese
In Ihrem Angesicht Verwerfung – Das
Verbrechen, dessen ich Sie zeihte – ich
Beging es selbst.

Sie drückt ihr glühendes Gesicht aus den Boden. Die Königin geht ab. Große Pause. Die Herzogin von Olivarez kommt nach einigen Minuten aus dem Kabinett, in welches die Königin gegangen war, und findet die Fürstin noch in der vorigen Stellung liegen. Sie nähert sich ihr still schweigend; auf das Geräusch richtet sich die letztere auf und fährt wie eine Rasende in die Höhe, da sie die Königin nicht mehr gewahr wird.

Zwanzigster Auftritt

Prinzessin von Eboli. Herzogin von Olivarez.

EBOLI.
Gott! Sie hat mich verlassen!
Jetzt ist es aus.

OLIVAREZ *tritt ihr näher.*
Prinzessin Eboli –

EBOLI.
Ich weiß, warum Sie kommen, Herzogin.
Die Königin schickt Sie heraus, mein Urteil
Mir anzukündigen – Geschwind!

OLIVAREZ.
Ich habe
Befehl von Ihrer Majestät, Ihr Kreuz
Und Ihre Schlüssel in Empfang zu nehmen –

EBOLI *nimmt ein goldnes Ordenskreuz vom Busen und gibt es in die
Hände der Herzogin.*
Doch einmal noch ist mir vergönnt, die Hand
Der besten Königin zu küssen?

OLIVAREZ.
Im
Marienkloster wird man Ihnen sagen,
Was über Sie beschlossen ist.

EBOLI *unter hervorstürzenden Tränen.*
Ich sehe
Die Königin nicht wieder?

OLIVAREZ *umarmt sie mit abgewandtem Gesicht.*
Leben Sie glücklich!

*Sie geht schnell fort. Die Prinzessin folgt ihr bis an die Türe des
Kabinetts, welche sogleich hinter der Herzogin verschlossen wird.
Einige Minuten bleibt sie stumm und unbeweglich auf den Knien
davor liegen, dann rafft sie sich auf und eilt hinweg mit verhülltem
Gesicht.*

Einundzwanzigster Auftritt

Die Königin. Marquis von Posa.

KÖNIGIN.
Ach endlich, Marquis! Glücklich, daß Sie kommen!

MARQUIS *bleich, mit zerstörtem Gesicht, bebender Stimme und durch diesen ganzen Auftritt in feierlicher, tiefer Bewegung.*
Sind Ihre Majestät allein? Kann niemand
In diesen nächsten Zimmern uns behorchen?

KÖNIGIN.
Kein Mensch – Warum? Was bringen Sie?

Indem sie ihn genauer ansieht und erschrocken zurücktritt.
Und wie
So ganz verändert! Was ist das? Sie machen
Mich zittern, Marquis – alle Ihre Züge
Wie eines Sterbenden entstellt –

MARQUIS.
Sie wissen
Vermutlich schon –

KÖNIGIN.
Daß Karl gefangen worden,
Und zwar durch Sie, setzt man hinzu – So ist
Es dennoch wahr? Ich wollt es keinem Menschen
Als Ihnen glauben.

MARQUIS.
Es ist wahr.

KÖNIGIN.
Durch Sie?

MARQUIS.
Durch mich.

KÖNIGIN *sieht ihn einige Augenblicke zweifelhaft an.*
Ich ehre Ihre Handlungen,
Auch wenn ich sie nicht fasse – Diesmal aber
Verzeihen Sie dem bangen Weib. Ich fürchte,
Sie spielen ein gewagtes Spiel.

MARQUIS.
Ich hab es
Verloren.

KÖNIGIN.
Gott im Himmel!

MARQUIS.
Seien Sie
Ganz ruhig, meine Königin! Für ihn
Ist schon gesorgt. Ich hab es mir verloren.

KÖNIGIN.
Was werd ich hören! Gott!

MARQUIS.
Denn wer,
Wer hieß auf einen zweifelhaften Wurf
Mich alles setzen? Alles? So verwegen,
So zuversichtlich mit dem Himmel spielen?
Wer ist der Mensch, der sich vermessen will,
Des Zufalls schweres Steuer zu regieren
Und doch nicht der Allwissende zu sein?
O, es ist billig! – Doch warum denn jetzt
Von mir? Der Augenblick ist kostbar, wie
Das Leben eines Menschen! Und wer weiß,
Ob aus des Richters karger Hand nicht schon
Die letzten Tropfen für mich fallen?

KÖNIGIN.
Aus
Des Richters Hand? – Welch feierlicher Ton!
Ich fasse nicht, was diese Reden meinen,
Doch sie entsetzen mich –

MARQUIS.
Er ist gerettet!
Um welchen Preis ers ist, gleichviel! Doch nur
Für heute. Wenig Augenblicke sind
Noch sein. Er spare sie. Noch diese Nacht
Muß er Madrid verlassen.

KÖNIGIN.
Diese Nacht noch?

MARQUIS.
Anstalten sind getroffen. In demselben
Kartäuserkloster, das schon lange Zeit
Die Zuflucht unsrer Freundschaft war gewesen,
Erwartet ihn die Post. Hier ist in Wechseln,
Was mir das Glück auf dieser Welt gegeben.
Was mangelt, legen Sie noch bei. Zwar hätt ich
An meinen Karl noch manches auf dem Herzen,
Noch manches, das er wissen muß; doch leicht
Könnt es an Muße mir gebrechen, alles
Persönlich mit ihm abzutun – Sie sprechen
Ihn diesen Abend, darum wend ich mich
An Sie –

KÖNIGIN.
Um meiner Ruhe willen, Marquis,
Erklären Sie sich deutlicher – nicht in
So fürchterlichen Rätseln reden Sie
Mit mir – Was ist geschehn?

MARQUIS.
Ich habe noch
Ein wichtiges Bekenntnis abzulegen;
In Ihre Hände leg ichs ab. Mir ward
Ein Glück, wie es nur wenigen geworden:
Ich liebte einen Fürstensohn – Mein Herz,
Nur einem einzigen geweiht, umschloß
Die ganze Welt! – In meines Carlos Seele
Schuf ich ein Paradies für Millionen.
O, meine Träume waren schön – Doch es
Gefiel der Vorsehung, mich vor der Zeit
Von meiner schönen Pflanzung abzurufen.
Bald hat er seinen Roderich nicht mehr,
Der Freund hört auf in der Geliebten. Hier,
Hier – hier – auf diesem heiligen Altare,
Im Herzen seiner Königin leg ich
Mein letztes kostbares Vermächtnis nieder,

Hier find ers, wenn ich nicht mehr bin –

Er wendet sich ab, Tränen ersticken seine Stimme.

KÖNIGIN.

Das ist
Die Sprache eines Sterbenden. Noch hoff ich,
Es ist nur Wirkung Ihres Blutes – oder
Liegt Sinn in diesen Reden?

MARQUIS *hat sich zu sammeln gesucht und fährt mit festerem Tone fort.*

Sagen Sie
Dem Prinzen, daß er denken soll des Eides,
Den wir in jenen schwärmerischen Tagen
Auf die geteilte Hostie geschworen.
Den meinigen hab ich gehalten, bin
Ihm treugeblieben bis zum Tod – jetzt ists
An ihm, den seinigen –

KÖNIGIN.

Zum Tod?

MARQUIS.

Er mache –
O, sagen Sie es ihm! das Traumbild wahr,
Das kühne Traumbild eines neuen Staates,
Der Freundschaft göttliche Geburt. Er lege
Die erste Hand an diesen rohen Stein.
Ob er vollende oder unterliege –
Ihm einerlei! Er lege Hand an. Wenn
Jahrhunderte dahingeflohen, wird
Die Vorsicht einen Fürstensohn, wie er,
Auf einem Thron, wie seiner, wiederholen
Und ihren neuen Liebling mit derselben
Begeisterung entzünden. Sagen Sie
Ihm, daß er für die Träume seiner Jugend
Soll Achtung tragen, wenn er Mann sein wird,
Nicht öffnen soll dem tötenden Insekte
Gerühmter besserer Vernunft das Herz
Der zarten Götterblume – daß er nicht

Soll irre werden, wenn des Staubes Weisheit
Begeisterung, die Himmelstochter, lästert.
Ich hab es ihm zuvor gesagt –

KÖNIGIN.
Wie, Marquis?
Und wozu führt –

MARQUIS.
Und sagen Sie ihm, daß
Ich Menschenglück auf seine Seele lege,
Daß ich es sterbend von ihm fordre – fordre!
Und sehr dazu berechtigt war. Es hätte
Bei mir gestanden, einen neuen Morgen
Heraufzuführen über diese Reiche.
Der König schenkte mir sein Herz. Er nannte
Mich seinen Sohn – Ich führe seine Siegel,
Und seine Alba sind nicht mehr.

Er hält inne und sieht einige Augenblicke stillschweigend auf die Königin.
Sie weinen –
O, diese Tränen kenn ich, schöne Seele,
Die Freude macht sie fließen. Doch vorbei,
Es ist vorbei. Karl oder ich. Die Wahl
War schnell und schrecklich. Einer war verloren,
Und ich will dieser eine sein – ich lieber –
Verlangen Sie nicht mehr zu wissen.

KÖNIGIN.
Jetzt,
Jetzt endlich fang ich an, Sie zu begreifen –
Unglücklicher, was haben Sie getan?

MARQUIS.
Zwo kurze Abendstunden hingegeben,
Um einen hellen Sommertag zu retten.
Den König geb ich auf. Was kann ich auch
Dem König sein? – In diesem starren Boden
Blüht keine meiner Rosen mehr – Europas
Verhängnis reift in meinem großen Freunde!

Auf ihn verweis ich Spanien – Es blute
Bis dahin unter Philipps Hand! – Doch weh!
Weh mir und ihm, wenn ich bereuen sollte,
Vielleicht das Schlimmere gewählt! – Nein! Nein!
Ich kenne meinen Carlos – das wird nie
Geschehn – und meine Bürgin, Königin,
Sind Sie!

Nach einigem Stillschweigen.

Ich sah sie keimen, diese Liebe, sah
Der Leidenschaften unglückseligste
In seinem Herzen Wurzel fassen – Damals
Stand es in meiner Macht, sie zu bekämpfen.
Ich tat es nicht. Ich nährte diese Liebe,
Die mir nicht unglückselig war. Die Welt
Kann anders richten. Ich bereue nicht.
Mein Herz klagt mich nicht an. Ich sahe Leben,
Wo sie nur Tod – in dieser hoffnungslosen Flamme
Erkannt ich früh der Hoffnung goldnen Strahl.
Ich wollt ihn führen zum Vortrefflichen,
Zur höchsten Schönheit wollt ich ihn erheben:
Die Sterblichkeit versagte mir ein Bild,
Die Sprache Worte – da verwies ich ihn
Auf dieses – meine ganze Leitung war,
Ihm seine Liebe zu erklären.

KÖNIGIN.
Marquis,
Ihr Freund erfüllte Sie so ganz, daß Sie
Mich über ihm vergaßen. Glaubten Sie
Im Ernst mich aller Weiblichkeit entbunden,
Da Sie zu seinem Engel mich gemacht,
Zu seinen Waffen Tugend ihm gegeben?
Das überlegten Sie wohl nicht, wieviel
Für unser Herz zu wagen ist, wenn wir
Mit solchen Namen Leidenschaft veredeln.

MARQUIS.
Für alle Weiber, nur für eines nicht.

Auf eines schwör ich – Oder sollten Sie,
Sie der Begierden edelster sich schämen,
Der Heldentugend Schöpferin zu sein?
Was geht es König Philipp an, wenn seine
Verklärung in Eskurial den Maler,
Der vor ihr steht, mit Ewigkeit entzündet?
Gehört die süße Harmonie, die in
Dem Saitenspiele schlummert, seinem Käufer,
Der es mit taubem Ohr bewacht? Er hat
Das Recht erkauft, in Trümmern es zu schlagen,
Doch nicht die Kunst, dem Silberton zu rufen
Und in des Liedes Wonne zu zerschmelzen.
Die Wahrheit ist vorhanden für den Weisen,
Die Schönheit für ein fühlend Herz. Sie beide
Gehören füreinander. Diesen Glauben
Soll mir kein feiges Vorurteil zerstören.
Versprechen Sie mir, ewig ihn zu lieben,
Von Menschenfurcht, von falschem Heldenmut
Zu nichtiger Verleugnung nie versucht,
Unwandelbar und ewig ihn zu lieben,
Versprechen Sie mir dieses? – Königin –
Versprechen Sies in meine Hand?

KÖNIGIN.
Mein Herz,
Versprech ich Ihnen, soll allein und ewig
Der Richter meiner Liebe sein.

MARQUIS *zieht seine Hand zurück.*
Jetzt sterb ich
Beruhigt – Meine Arbeit ist getan.

Er neigt sich gegen die Königin und will gehen.

KÖNIGIN *begleitet ihn schweigend mit den Augen.*
Sie gehen, Marquis – ohne mir zu sagen,
Wann wir – wie bald – uns wiedersehn?

MARQUIS *kommt noch einmal zurück, das Gesicht abgewendet.*
Gewiß!
Wir sehn uns wieder.

KÖNIGIN.
Ich verstand Sie, Posa –
Verstand Sie recht gut. – Warum haben Sie
Mir das getan?
MARQUIS.
Er oder ich.
KÖNIGIN.
Nein! Nein!
Sie stürzten sich in diese Tat, die Sie
Erhaben nennen. Leugnen Sie nur nicht.
Ich kenne Sie, Sie haben längst darnach
Gedürstet – Mögen tausend Herzen brechen,
Was kümmert Sies, wenn sich Ihr Stolz nur weidet.
O, jetzt – jetzt lern ich Sie verstehn! Sie haben
Nur um Bewunderung gebuhlt.
MARQUIS *betroffen, vor sich.*
Nein! Darauf
War ich nicht vorbereitet –
KÖNIGIN *nach einem Stillschweigen.*
Marquis!
Ist keine Rettung möglich?
MARQUIS.
Keine.
KÖNIGIN.
Keine?
Besinnen Sie sich wohl. Ist keine möglich?
Auch nicht durch mich?
MARQUIS.
Auch nicht durch Sie.
KÖNIGIN.
Sie kennen mich
Zur Hälfte nur – ich habe Mut.
MARQUIS.
Ich weiß es.

KÖNIGIN.
Und keine Rettung?

MARQUIS.
Keine.

KÖNIGIN *verläßt ihn und verhüllt das Gesicht.*
Gehen Sie!
Ich schätze keinen Mann mehr.

MARQUIS *in der heftigsten Bewegung vor ihr niedergeworfen.*
Königin!
– O Gott! das Leben ist doch schön.

Er springt auf und geht schnell fort. Die Königin in ihr Kabinett.

Vorzimmer des Königs.

Zweiundzwanzigster Auftritt

Herzog von Alba und Domingo gehen stillschweigend und abgesondert auf und nieder. Graf Lerma kommt aus dem Kabinett des Königs, alsdann Don Raimond von Taxis, der Oberpostmeister.

LERMA.
Ob sich der Marquis noch nicht blicken lassen?

ALBA.
Noch nicht.

Lerma will wieder hineingehen.

TAXIS *tritt auf.*
Graf Lerma, melden Sie mich an.

LERMA.
Der König ist für niemand.

TAXIS.
Sagen Sie,
Ich muß ihn sprechen – Seiner Majestät
Ist äußerst dran gelegen. Eilen Sie.
Es leidet keinen Aufschub.

Lerma geht ins Kabinett.

ALBA *tritt zum Oberpostmeister.*
Lieber Taxis,
Gewöhnen Sie sich zur Geduld. Sie sprechen
Den König nicht –

TAXIS.
Nicht? Und warum?

ALBA.
Sie hätten
Die Vorsicht denn gebraucht, sich die Erlaubnis
Beim Chevalier von Posa auszuwirken,
Der Sohn und Vater zu Gefangnen macht.

TAXIS.
Von Posa? Wie? Ganz recht! Das ist derselbe,
Aus dessen Hand ich diesen Brief empfangen –

ALBA.
Brief? Welchen Brief?

TAXIS.
Den ich nach Brüssel habe
Befördern sollen –

ALBA *aufmerksam.*
Brüssel?

TAXIS.
Den ich eben
Dem König bringe –

ALBA.
Brüssel! Haben Sie
Gehört, Kaplan? Nach Brüssel!

DOMINGO *tritt dazu.*
Das ist sehr
Verdächtig.

TAXIS.
Und wie ängstlich, wie verlegen
Er mir empfohlen worden!

DOMINGO.
Ängstlich? So!

ALBA.
An wen ist denn die Aufschrift?

TAXIS.
An den Prinzen
Von Nassau und Oranien.

ALBA.
An Wilhelm?
Kaplan! Das ist Verräterei.

DOMINGO.
Was könnt
Es anders sein? – Ja freilich, diesen Brief
Muß man sogleich dem König überliefern.
Welch ein Verdienst von Ihnen, würdger Mann,
So streng zu sein in Ihres Königs Dienst!

TAXIS.
Hochwürdger Herr, ich tat nur meine Pflicht.

ALBA.
Sie taten wohl.

LERMA *kommt aus dem Kabinett. Zum Oberpostmeister.*
Der König will Sie sprechen.

Taxis geht hinein.

Der Marquis immer noch nicht da?

DOMINGO.
Man sucht
Ihn allerorten.

ALBA.
Sonderbar und seltsam.
Der Prinz ein Staatsgefangner, und der König
Noch selber ungewiß, warum?

DOMINGO.
Er war
Nicht einmal hier, ihm Rechenschaft zu geben?

ALBA.
Wie nahm es denn der König auf?

LERMA.
Der König
Sprach noch kein Wort.

Geräusch im Kabinett.

ALBA.
Was war das? Still!

TAXIS *aus dem Kabinett.*
Graf Lerma!

Beide hinein.

ALBA *zu Domingo.*
Was geht hier vor?

DOMINGO.
Mit diesem Ton des Schreckens?
Wenn dieser aufgefangne Brief? – Mir ahndet
Nichts Gutes, Herzog.

ALBA.
Lerma läßt er rufen!
Und wissen muß er doch, daß Sie und ich
Im Vorsaal –

DOMINGO.
Unsre Zeiten sind vorbei.

ALBA.
Bin ich derselbe denn nicht mehr, dem hier
Sonst alle Türen sprangen? Wie ist alles
Verwandelt um mich her – wie fremd –

DOMINGO *hat sich leise der Kabinettstüre genähert und bleibt
lauschend davor stehen.*
Horch!

ALBA *nach einer Pause.*
Alles
Ist totenstill. Man hört sie Atem holen.

DOMINGO.
Die doppelte Tapete dämpft den Schall.

ALBA.
Hinweg! Man kommt.

DOMINGO *verläßt die Türe.*
Mir ist so feierlich,
So bang, als sollte dieser Augenblick
Ein großes Los entscheiden.

Dreiundzwanzigster Auftritt

Der Prinz von Parma, die Herzoge von Feria und Medina Sidonia mit
noch einigen andern Granden treten auf. Die Vorigen.

PARMA.
Ist der König
Zu sprechen?

ALBA.
Nein.

PARMA.
Nein? Wer ist bei ihm?

FERIA.
Marquis
Von Posa ohne Zweifel?

ALBA.
Den erwartet man
Soeben.

PARMA.
Diesen Augenblick
Sind wir von Saragossa eingetroffen.
Der Schrecken geht durch ganz Madrid – Ist es
Denn wahr?

DOMINGO.
Ja, leider!

FERIA.
Es ist wahr? Er ist
Durch den Malteser in Verhaft genommen?

ALBA.
So ists.

PARMA.
Warum? Was ist geschehn?

ALBA.
Warum?
Das weiß kein Mensch als Seine Majestät
Und Marquis Posa.

PARMA.
Ohne Zuziehung
Der Cortes seines Königreichs?

FERIA.
Weh dem,
Der teilgehabt an dieser Staatsverletzung.

ALBA.
Weh ihm! So ruf ich auch.

MEDINA SIDONIA.
Ich auch.

DIE ÜBRIGEN GRANDEN.
Wir alle.

ALBA.
Wer folgt mir in das Kabinett? – Ich werfe
Mich zu des Königs Füßen.

LERMA *stürzt aus dem Kabinett.*
Herzog Alba!

DOMINGO.
Endlich!

Gelobt sei Gott!

Alba eilt hinein.

LERMA *atemlos, in großer Bewegung.*
Wenn der Malteser kommt,
Der Herr ist jetzo nicht allein, er wird
Ihn rufen lassen –

DOMINGO *zu Lerma, indem sich alle übrigen voll neugieriger*
Erwartung um ihn versammeln.
Graf, was ist geschehen?
Sie sind ja blaß wie eine Leiche.

LERMA *will forteilen.*
Das
Ist teuflisch!

PARMA UND FERIA.
Was denn? Was denn?

MEDINA SIDONIA.
Was macht
Der König?

DOMINGO *zugleich.*
Teuflisch? Was denn?

LERMA.
Der König hat
Geweint.

DOMINGO.
Geweint?

ALLE *zugleich, mit betretnem Erstaunen.*
Der König hat geweint?

Man hört eine Glocke im Kabinett. Graf Lerma eilt hinein.

DOMINGO *ihm nach, will ihn zurückhalten.*
Graf, noch ein Wort – Verziehen Sie – Weg ist er!
Da stehn wir angefesselt von Entsetzen.

Vierundzwanzigster Auftritt

Prinzessin von Eboli. Feria. Medina Sidonia. Parma. Domingo und übrige Granden.

EBOLI *eilig, außer sich.*
Wo ist der König? Wo? Ich muß ihn sprechen.

Zu Feria.
Sie, Herzog, führen mich zu ihm.

FERIA.
Der König
Hat wichtige Verhinderung. Kein Mensch
Wird vorgelassen.

EBOLI.
Unterzeichnet er
Das fürchterliche Urteil schon? Er ist
Belogen. Ich beweis es ihm, daß er
Belogen ist.

DOMINGO *gibt ihr von ferne einen bedeutenden Wink.*
Prinzessin Eboli!

EBOLI *geht auf ihn zu.*
Sie auch da, Priester? Recht! Sie brauch ich eben.
Sie sollen mirs bekräftigen.

Sie ergreift seine Hand und will ihn ins Kabinett mit fortreißen.

DOMINGO.
Ich? – Sind
Sie bei sich, Fürstin?

FERIA.
Bleiben Sie zurück.
Der König hört Sie jetzt nicht an.

EBOLI.
Er muß
Mich hören. Wahrheit muß er hören – Wahrheit!
Und wär er zehenmal ein Gott!

DOMINGO.
Weg! Weg!
Sie wagen alles. Bleiben Sie zurück.

EBOLI.
Mensch, zittre du vor deines Götzen Zorn.
Ich habe nichts zu wagen.

Wie sie ins Kabinett will, stürzt heraus.

HERZOG ALBA *seine Augen funkeln, Triumph ist in seinem Gang.*
Er eilt auf Domingo zu und umarmt ihn.
Lassen Sie
In allen Kirchen ein Tedeum tönen.
Der Sieg ist unser.

DOMINGO.
Unser?

ALBA *zu Domingo und den übrigen Granden.*
Jetzt hinein
Zum Herrn. Sie sollen weiter von mir hören.

Fünfter Akt

Ein Zimmer im königlichen Palast, durch eine eiserne Gittertüre von einem großen Vorhofe abgesondert, in welchem Wachen auf und nieder gehen.

Erster Auftritt

Carlos an einem Tische sitzend, den Kopf vorwärts auf die Arme gelegt, als wenn er schlummerte. Im Hintergrunde des Zimmers einige Offiziere, die mit ihm eingeschlossen sind. Marquis von Posa tritt herein, ohne von ihm bemerkt zu werden, und spricht leise mit den Offizieren, welche sich sogleich entfernen. Er selbst tritt ganz nahe vor Carlos und betrachtet ihn einige Augenblicke schweigend und traurig. Endlich macht er eine Bewegung, welche diesen aus seiner Betäubung erweckt.

Carlos steht auf, wird den Marquis gewahr und fährt erschrocken
zusammen. Dann sieht er ihn eine Weile mit großen, starren Augen
an und streicht mit der Hand über die Stirne, als ob er sich auf etwas
besinnen wollte.

MARQUIS.
Ich bin es, Karl.

CARLOS *gibt ihm die Hand.*
Du kommst sogar noch zu mir?
Das ist doch schön von dir.

MARQUIS.
Ich bildete
Mir ein, du könntest deinen Freund hier brauchen.

CARLOS.
Wahrhaftig? Meintest du das wirklich? Sieh!
Das freut mich – freut mich unbeschreiblich. Ach!
Ich wußt es wohl, daß du mir gut geblieben.

MARQUIS.
Ich hab es auch um dich verdient.

CARLOS.
Nicht wahr?
O, wir verstehen uns noch ganz. So hab
Ichs gerne. Diese Schonung, diese Milde
Steht großen Seelen an wie du und ich.
Laß sein, daß meiner Forderungen eine
Unbillig und vermessen war, mußt du
Mir darum auch die billigen versagen?
Hart kann die Tugend sein, doch grausam nie,
Unmenschlich nie – Es hat dir viel gekostet!
O ja, mir deucht, ich weiß recht gut, wie sehr
Geblutet hat dein sanftes Herz, als du
Dein Opfer schmücktest zum Altare.

MARQUIS.
Carlos!
Wie meinst du das?

CARLOS.
Du selbst wirst jetzt vollenden,
Was ich gesollt und nicht gekonnt – Du wirst
Den Spaniern die goldnen Tage schenken,
Die sie von mir umsonst gehofft. Mit mir
Ist es ja aus – auf immer aus. Das hast
Du eingesehn – O diese fürchterliche Liebe
Hat alle frühe Blüten meines Geistes
Unwiederbringlich hingerafft. Ich bin
Für deine großen Hoffnungen gestorben.
Vorsehung oder Zufall führen dir
Den König zu – Es kostet mein Geheimnis,
Und er ist dein – du kannst sein Engel werden.
Für mich ist keine Rettung mehr – vielleicht
Für Spanien – Ach, hier ist nichts verdammlich,
Nichts, nichts als meine rasende Verblendung,
Bis diesen Tag nicht eingesehn zu haben,
Daß du – so groß als zärtlich bist.

MARQUIS.
Nein! Das,
Das hab ich nicht vorhergesehen – nicht
Vorhergesehen, daß eines Freundes Großmut
Erfinderischer könnte sein als meine
Weltkluge Sorgfalt. Mein Gebäude stürzt
Zusammen – ich vergaß dein Herz.

CARLOS.
Zwar, wenn dirs möglich wär gewesen, ihr
Dies Schicksal zu ersparen – sieh, das hätte
Ich unaussprechlich dir gedankt. Konnt ich
Denn nicht allein es tragen? Mußte sie
Das zweite Opfer sein? – Doch still davon!
Ich will mit keinem Vorwurf dich beladen.
Was geht die Königin dich an? Liebst du
Die Königin? Soll deine strenge Tugend
Die kleinen Sorgen meiner Liebe fragen?
Verzeih mir – ich war ungerecht.

MARQUIS.
Du bists.
Doch – dieses Vorwurfs wegen nicht. Verdient
Ich einen, dann verdient ich alle – und
Dann würd ich so nicht vor dir stehen.

Er nimmt sein Portefeuille heraus.

Hier
Sind von den Briefen einge wieder, die
Du in Verwahrung mir gegeben. Nimm
Sie zu dir.

CARLOS *sieht mit Verwunderung bald die Briefe, bald den Marquis
an.*
Wie?

MARQUIS.
Ich gebe sie dir wieder,
Weil sie in deinen Händen sichrer jetzt
Sein dürften als in meinen.

CARLOS.
Was ist das?
Der König las sie also nicht? bekam
Sie gar nicht zu Gesichte?

MARQUIS.
Diese Briefe?

CARLOS.
Du zeigtest ihm nicht alle?

MARQUIS.
Wer sagt' dir,
Daß ich ihm einen zeigte?

CARLOS *äußerst erstaunt.*
Ist es möglich?
Graf Lerma.

MARQUIS.
Der hat dir gesagt? – Ja, nun
Wird alles, alles offenbar! Wer konnte
Das auch voraussehn? – Lerma also? – Nein,

Der Mann hat lügen nie gelernt. Ganz recht,
Die andern Briefe liegen bei dem König.

CARLOS *sieht ihn lange mit sprachlosem Erstaunen an.*
Weswegen bin ich aber hier?

MARQUIS.
Zur Vorsicht,
Wenn du vielleicht zum zweitenmal versucht
Sein möchtest, eine Eboli zu deiner
Vertrauten zu erwählen –

CARLOS *wie aus einem Traume erwacht.*
Ha! Nun endlich!
Jetzt seh ich – jetzt wird alles Licht –

MARQUIS *geht nach der Türe.*
Wer kommt?

Zweiter Auftritt

Herzog Alba. Die Vorigen.

ALBA *nähert sich ehrerbietig dem Prinzen, dem Marquis durch
diesen ganzen Auftritt den Rücken zuwendend.*
Prinz, Sie sind frei. Der König schickt mich ab,
Es Ihnen anzukündigen.

Carlos sieht den Marquis verwundernd an. Alle schweigen still.

Zugleich
Schätz ich mich glücklich, Prinz, der erste sein
Zu dürfen, der die Gnade hat –

CARLOS *bemerkt beide mit äußerster Verwunderung. Nach einer
Pause zum Herzog.*
Ich werde
Gefangen eingesetzt und frei erklärt,
Und ohne mir bewußt zu sein, warum
Ich beides werde?

ALBA.
Aus Versehen, Prinz,
Soviel ich weiß, zu welchem irgendein

– Betrüger den Monarchen hingerissen.

CARLOS.
Doch aber ist es auf Befehl des Königs,
Daß ich mich hier befinde?

ALBA.
Ja, durch ein
Versehen Seiner Majestät.

CARLOS.
Das tut
Mir wirklich leid – Doch wenn der König sich
Versieht, kommt es dem König zu, in eigner
Person den Fehler wieder zu verbessern.

Er sucht die Augen des Marquis und beobachtet eine stolze
Herabsetzung gegen den Herzog.

Man nennt mich hier Don Philipps Sohn. Die Augen
Der Lästerung und Neugier ruhn auf mir.
Was Seine Majestät aus Pflicht getan,
Will ich nicht scheinen ihrer Huld zu danken.
Sonst bin ich auch bereit, vor dem Gerichte
Der Cortes mich zu stellen – meinen Degen
Nehm ich aus solcher Hand nicht an.

ALBA.
Der König
Wird keinen Anstand nehmen, Eurer Hoheit
Dies billige Verlangen zu gewähren,
Wenn Sie vergönnen wollen, daß ich Sie
Zu ihm begleiten darf –

CARLOS.
Ich bleibe hier,
Bis mich der König oder sein Madrid
Aus diesem Kerker führen. Bringen Sie
Ihm diese Antwort.

Alba entfernt sich. Man sieht ihn noch eine Zeitlang im Vorhofe
verweilen und Befehle austeilen.

Dritter Auftritt

Carlos und Marquis von Posa.

CARLOS *nachdem der Herzog hinaus ist, voll Erwartung und Erstaunen zum Marquis.*
Was ist aber das?
Erkläre mirs. Bist du denn nicht Minister?

MARQUIS.
Ich bins gewesen, wie du siehst.

Auf ihn zugehend, mit großer Bewegung.
O Karl,
Es hat gewirkt. Es hat. Es ist gelungen.
Jetzt ists getan. Gepriesen sei die Allmacht,
Die es gelingen ließ.

CARLOS.
Gelingen? Was?
Ich fasse deine Worte nicht.

MARQUIS *ergreift seine Hand.*
Du bist
Gerettet, Karl – bist frei – und ich –

Er hält inne.

CARLOS.
Und du?

MARQUIS.
Und ich – ich drücke dich an meine Brust
Zum erstenmal mit vollem, ganzem Rechte;
Ich hab es ja mit allem, allem, was
Mir teuer ist, erkauft – O Karl, wie süß,
Wie groß ist dieser Augenblick! Ich bin
Mit mir zufrieden.

CARLOS.
Welche plötzliche
Veränderung in deinen Zügen? So
Hab ich dich nie gesehen. Stolzer hebt
Sich deine Brust, und deine Blicke leuchten.

MARQUIS.
Wir müssen Abschied nehmen, Karl. Erschrick nicht.
O sei ein Mann. Was du auch hören wirst,
Versprich mir, Karl, nicht durch unbändgen Schmerz,
Unwürdig großer Seelen, diese Trennung
Mir zu erschweren – Du verlierst mich, Karl –
Auf viele Jahre – Toren nennen es
Auf ewig.

Carlos zieht seine Hand zurück, sieht ihn starr an und antwortet nichts.

Sei ein Mann. Ich habe sehr
Auf dich gerechnet, hab es nicht vermieden,
Die bange Stunde mit dir auszuhalten,
Die man die letzte schrecklich nennt – Ja, soll
Ich dirs gestehen, Karl? ich habe mich
Darauf gefreut – Komm, laß uns niedersitzen –
Ich fühle mich erschöpft und matt.

Er rückt nahe an Carlos, der noch immer in einer toten Erstarrung ist und sich unwillkürlich von ihm niederziehen läßt.

Wo bist du?
Du gibst mir keine Antwort? – Ich will kurz sein.
Den Tag nachher, als wir zum letztenmal
Bei den Kartäusern uns gesehn, ließ mich
Der König zu sich fordern. Den Erfolg
Weißt du, weiß ganz Madrid. Das weißt du nicht,
Daß dein Geheimnis ihm verraten worden,
Daß Briefe, in der Königin Schatulle
Gefunden, wider dich gezeugt, daß ich
Aus seinem eignen Munde dies erfahren
Und daß – ich sein Vertrauter war.

Er hält inne, Carlos' Antwort zu erfahren; dieser verharrt in seinem Stillschweigen.

Ja, Karl!
Mit meinen Lippen brach ich meine Treue.
Ich selbst regierte das Komplott, das dir
Den Untergang bereitete. Zu laut

Sprach schon die Tat. Dich freizusprechen, war
Zu Spät. Mich seiner Rache zu versichern,
War alles, was mir übrigblieb – und so
Ward ich dein Feind, dir kräftiger zu dienen.
– Du hörst mich nicht?

CARLOS.

Ich höre. Weiter. Weiter.

MARQUIS.

Bis hieher bin ich ohne Schuld. Doch bald
Verraten mich die ungewohnten Strahlen
Der neuen königlichen Gunst. Der Ruf
Dringt bis zu dir, wie ich vorhergesehn.
Doch ich, von falscher Zärtlichkeit bestochen,
Von stolzem Wahn geblendet, ohne dich
Das Wagestück zu enden, unterschlage
Der Freundschaft mein gefährliches Geheimnis.
Das war die große Übereilung! Schwer
Hab ich gefehlt. Ich weiß es. Raserei
War meine Zuversicht. Verzeih – sie war
Auf deiner Freundschaft Ewigkeit gegründet.

Hier schweigt er. Carlos geht aus seiner Versteinerung in lebhafte
Bewegungen über.

Was ich befürchtete, geschieht. Man läßt
Dich zittern vor erdichteten Gefahren.
Die Königin in ihrem Blut – das Schrecken
Des widerhallenden Palastes – Lermas
Unglückliche Dienstfertigkeit – zuletzt
Mein unbegreifliches Verstummen, alles
Bestürmt dein überraschtes Herz – Du wankst –
Gibst mich verloren – Doch, zu edel selbst,
An deines Freundes Redlichkeit zu zweifeln,
Schmückst du mit Größe seinen Abfall aus,
Nun erst wagst du, ihn treulos zu behaupten,
Weil du noch treulos ihn verehren darfst.
Verlassen von dem Einzigen, wirfst du
Der Fürstin Eboli dich in die Arme –

Unglücklicher! in eines Teufels Arme;
Denn diese wars, die dich verriet.

Carlos steht auf.

Ich sehe
Dich dahin eilen. Eine schlimme Ahndung
Fliegt durch mein Herz. Ich folge dir. Zu spät.
Du liegst zu ihren Füßen. Das Geständnis
Floh über deine Lippen schon. Für dich
Ist keine Rettung mehr –

CARLOS.
Nein! Nein! Sie war
Gerührt. Du irrest dich. Gewiß war sie
Gerührt.

MARQUIS.
Da wird es Nacht vor meinen Sinnen!
Nichts – nichts – kein Ausweg – keine Hülfe – keine
Im ganzen Umkreis der Natur! Verzweiflung
Macht mich zur Furie, zum Tier – ich setze
Den Dolch auf eines Weibes Brust – Doch jetzt –
Jetzt fällt ein Sonnenstrahl in meine Seele.
»Wenn ich den König irrte? Wenn es mir
Gelänge, selbst der Schuldige zu scheinen?
Wahrscheinlich oder nicht! – Für ihn genug,
Scheinbar genug für König Philipp, weil
Es übel ist! Es sei! Ich will es wagen.
Vielleicht ein Donner, der so unverhofft
Ihn trifft, macht den Tyrannen stutzen – und
Was will ich mehr? Er überlegt, und Karl
Hat Zeit gewonnen, nach Brabant zu flüchten.«

CARLOS.
Und das – das hättest du getan?

MARQUIS.
Ich schreibe
An Wilhelm von Oranien, daß ich
Die Königin geliebt, daß mirs gelungen,
In dem Verdacht, der fälschlich dich gedrückt,

Des Königs Argwohn zu entgehn – daß ich
Durch den Monarchen selbst den Weg gefunden,
Der Königin mich frei zu nahn. Ich setze
Hinzu, daß ich entdeckt zu sein besorge,
Daß du, von meiner Leidenschaft belehrt,
Zur Fürstin Eboli geeilt, vielleicht
Durch ihre Hand die Königin zu warnen –
Daß ich dich hier gefangennahm und nun,
Weil alles doch verloren, willens sei,
Nach Brüssel mich zu werfen. – Diesen Brief –

CARLOS *fällt ihm erschrocken ins Wort.*
Hast du der Post doch nicht vertraut? Du weißt,
Daß alle Briefe nach Brabant und Flandern –

MARQUIS.
Dem König ausgeliefert werden – Wie
Die Sachen stehn, hat Taxis seine Pflicht
Bereits getan.

CARLOS.
Gott! So bin ich verloren!

MARQUIS.
Du? Warum du?

CARLOS.
Unglücklicher, und du
Bist mit verloren. Diesen ungeheuern
Betrug kann dir mein Vater nicht vergeben.
Nein! Den vergibt er nimmermehr!

MARQUIS.
Betrug?
Du bist zerstreut. Besinne dich. Wer sagt ihm,
Daß es Betrug gewesen?

CARLOS *sieht ihm starr ins Gesicht.*
Wer, fragst du?
Ich selbst.

Er will fort.

MARQUIS.
Du rasest. Bleib zurück.

CARLOS.
Weg! Weg!
Um Gottes willen. Halte mich nicht auf
Indem ich hier verweile, dingt er schon
Die Mörder.

MARQUIS.
Desto edler ist die Zeit.
Wir haben uns noch viel zu sagen.

CARLOS.
Was?
Eh er noch alles –

Er will wieder fort. Der Marquis nimmt ihn beim Arme und sieht ihn bedeutend an.

MARQUIS.
Höre, Carlos – War
Ich auch so eilig, so gewissenhaft,
Da du für mich geblutet hast – ein Knabe?

CARLOS *bleibt gerührt und voll Bewunderung vor ihm stehen.*
O gute Vorsicht!

MARQUIS.
Rette dich für Flandern!
Das Königreich ist dein Beruf. Für dich
Zu sterben war der meinige.

CARLOS *geht auf ihn zu und nimmt ihn bei der Hand, voll der innigsten Empfindung.*
Nein! Nein!
Er wird – er kann nicht widerstehn! So vieler
Erhabenheit nicht widerstehn! – Ich will
Dich zu ihm führen. Arm in Arme wollen
Wir zu ihm gehen. Vater, will ich sagen,
Das hat ein Freund für seinen Freund getan.
Es wird ihn rühren. Glaube mir, er ist
Nicht ohne Menschlichkeit, mein Vater. Ja!

Gewiß, es wird ihn rühren. Seine Augen werden
Von warmen Tränen übergehn, und dir
Und mir wird er verzeihen –

Es geschieht ein Schuß durch die Gittertüre. Carlos springt auf.

Ha! Wem galt das?

MARQUIS.
Ich glaube – mir.

Er sinkt nieder.

CARLOS *fällt mit einem Schrei des Schmerzes neben ihm zu Boden.*
O himmlische
Barmherzigkeit!

MARQUIS *mit brechender Stimme.*
Er ist geschwind – der König –
Ich hoffte – länger – Denk auf deine Rettung –
Hörst du? – auf deine Rettung – Deine Mutter
Weiß alles – ich kann nicht mehr –

*Carlos bleibt wie tot bei dem Leichnam liegen. Nach einiger Zeit tritt
der König herein, von vielen Granden begleitet, und fährt bei diesem
Anblick betreten zurück. Eine allgemeine und tiefe Pause. Die
Granden stellen sich in einen halben Kreis um diese beiden und
sehen wechselsweise auf den König und seinen Sohn.
Dieser liegt noch ohne alle Zeichen des Lebens. –
Der König betrachtet ihn mit nachdenkender Stille.*

Vierter Auftritt

*Der König. Carlos. Die Herzoge von Alba, Feria und Medina
Sidonia. Der Prinz von Parma. Graf Lerma. Domingo und viele
Granden.*

KÖNIG *mit gütigem Ton.*
Deine Bitte,
Hat Statt gefunden, mein Infant. Hier bin ich,
Ich selbst, mit allen Großen meines Reichs,
Dir Freiheit anzukündigen.

Carlos blickt auf und sieht um sich her, wie einer, der aus dem Traum erwacht. Seine Augen heften sich bald auf den König, bald auf den Toten. Er antwortet nicht.

Empfange
Dein Schwert zurück. Man hat zu rasch verfahren.

Er nähert sich ihm, reicht ihm die Hand und hilft ihm sich aufrichten.

Mein Sohn ist nicht an seinem Platz. Steh auf,
Komm in die Arme deines Vaters.

CARLOS *empfängt ohne Bewußtsein die Arme des Königs – besinnt sich aber plötzlich, hält inne und sieht ihn genauer an.*
Dein
Geruch ist Mord. Ich kann dich nicht umarmen.
Er stößt ihn zurück, alle Granden kommen in Bewegung.
Nein! Steht nicht so betroffen da! Was hab
Ich Ungeheures denn getan? Des Himmels
Gesalbten angetastet? Fürchtet nichts.
Ich lege keine Hand an ihn. Seht ihr
Das Brandmal nicht an seiner Stirne? Gott
Hat ihn gezeichnet.

KÖNIG *bricht schnell auf.*
Folgt mir, meine Granden.

CARLOS.
Wohin? Nicht von der Stelle, Sire –

Er hält ihn gewaltsam mit beiden Händen und bekommt mit der einen das Schwert zu fassen, das der König mitgebracht hat.
Es fährt aus der Scheide.

KÖNIG.
Das Schwert
Gezückt auf deinen Vater?

ALLE ANWESENDEN GRANDEN *ziehen die ihrigen.*
Königsmord!

CARLOS *den König fest an der einen Hand, das bloße Schwert in der andern.*
Steckt eure Schwerter ein. Was wollt ihr? Glaubt
Ihr, ich sei rasend? Nein, ich bin nicht rasend.

Wär ichs, so tatet ihr nicht gut, mich zu
Erinnern, daß auf meines Schwertes Spitze
Sein Leben schwebt. Ich bitte, haltet euch
Entfernt, Verfassungen, wie meine, wollen
Geschmeicheltsein – drum bleibt zurück. Was ich
Mit diesem König abzumachen habe,
Geht euern Leheneid nichts an. Seht nur,
Wie seine Finger bluten! Seht ihn recht an!
Seht ihr? O seht auch hieher – Das hat er
Getan, der große Künstler!

KÖNIG *zu den Granden, welche sich besorgt um ihn herumdrängen wollen.*
Tretet alle
Zurück. Wovor erzittert ihr? – Sind wir
Nicht Sohn und Vater? Ich will doch erwarten,
Zu welcher Schandtat die Natur –

CARLOS.
Natur?
Ich weiß von keiner. Mord ist jetzt die Losung.
Der Menschheit Bande sind entzwei. Du selbst
Hast sie zerrissen, Sire, in deinen Reichen.
Soll ich verehren, was du höhnst? – O seht!
Seht hieher! Es ist noch kein Mord geschehen
Als heute. – Gibt es keinen Gott? Was? Dürfen
In seiner Schöpfung Könige so hausen?
Ich frage, gibt es keinen Gott? Solange Mütter
Geboren haben, ist nur einer – einer
So unverdient gestorben – Weißt du auch,
Was du getan hast? Nein, er weiß es nicht,
Weiß nicht, daß er ein Leben hat gestohlen
Aus dieser Welt, das wichtiger und edler
Und teurer war als er mit seinem ganzen
Jahrhundert.

KÖNIG *mit gelindem Tone.*
Wenn ich allzu rasch gewesen,
Geziemt es dir, für den ich es gewesen,
Mich zur Verantwortung zu ziehen?

CARLOS.
Wie?
Ists möglich? Sie erraten nicht, wer mir
Der Tote war – O sagt es ihm – helft seiner
Allwissenheit das schwere Rätsel lösen.
Der Tote war mein Freund – Und wollt ihr wissen,
Warum er starb? Für mich ist er gestorben.

KÖNIG.
Ha! meine Ahndung!

CARLOS.
Blutender, vergib,
Daß ich vor solchen Ohren es entweihe!
Doch dieser große Menschenkenner sinke
Vor Scham dahin, daß seine graue Weisheit
Der Scharfsinn eines Jünglings überlistet.
Ja, Sire! Wir waren Brüder! Brüder durch
Ein edler Band, als die Natur es schmiedet.
Sein schöner Lebenslauf war Liebe. Liebe
Für mich sein großer, schöner Tod. Mein war er,
Als Sie mit seiner Achtung großgetan,
Als seine scherzende Beredsamkeit
Mit Ihrem stolzen Riesengeiste spielte.
Ihn zu beherrschen wähnten Sie – und waren
Ein folgsam Werkzeug seiner höhern Plane.
Daß ich gefangen bin, war seiner Freundschaft
Durchdachtes Werk. Mich zu erretten, schrieb
Er an Oranien den Brief – O Gott!
Es war die erste Lüge seines Lebens!
Mich zu erretten, warf er sich dem Tod,
Den er erlitt, entgegen. Sie beschenkten ihn
Mit Ihrer Gunst – er starb für mich. Ihr Herz
Und Ihre Freundschaft drangen Sie ihm auf,
Ihr Szepter war das Spielwerk seiner Hände;
Er warf es hin und starb für mich!

Der König steht ohne Bewegung, den Blick starr auf den Boden
geheftet. Alle Granden sehen betreten und furchtsam auf ihn.

Und war
Es möglich? Dieser groben Lüge konnten
Sie Glauben schenken? Wie gering mußt er
Sie schätzen, da ers unternahm, bei Ihnen
Mit diesem plumpen Gaukelspiel zu reichen!
Um seine Freundschaft wagten Sie zu buhlen,
Und unterlagen dieser leichten Probe!
O, nein – nein, das war nichts für Sie. Das war
Kein Mensch für Sie! Das wußt er selbst recht gut,
Als er mit allen Kronen Sie verstoßen.
Dies feine Saitenspiel zerbrach in Ihrer
Metallnen Hand. Sie konnten nichts, als ihn
Ermorden.

ALBA *hat den König bis jetzt nicht aus den Augen gelassen und mit sichtbarer Unruhe die Bewegungen beobachtet, welche in seinem Gesichte arbeiten. Jetzt nähert er sich ihm furchtsam.*
Sire – nicht diese Totenstille. Sehen
Sie um sich. Reden Sie mit uns.

CARLOS.
Sie waren
Ihm nicht gleichgültig. Seinen Anteil hatten
Sie längst. Vielleicht! Er hätte Sie noch glücklich
Gemacht. Sein Herz war reich genug, Sie selbst
Von seinem Überflusse zu vergnügen.
Die Splitter seines Geistes hätten Sie
Zum Gott gemacht. Sich selber haben Sie
Bestohlen – Was werden
Sie bieten, eine Seele zu erstatten,
Wie diese war?

Ein tiefes Schweigen. Viele von den Granden sehen weg oder verhüllen das Gesicht in ihren Mänteln.

O, die ihr hier versammelt steht und vor Entsetzen
Und vor Bewunderung verstummt – verdammet
Den Jüngling nicht, der diese Sprache gegen
Den Vater und den König führt – Seht hieher!
Für mich ist er gestorben! Habt ihr Tränen?

Fließt Blut, nicht glühend Erz, in euren Adern?
Seht hieher und verdammt mich nicht!

Er wendet sich zum König mit mehr Fassung und Gelassenheit.

Vielleicht
Erwarten Sie, wie diese unnatürliche Geschichte
Sich enden wird? – Hier ist mein Schwert. Sie sind
Mein König wieder. Denken Sie, daß ich
Vor Ihrer Rache zittre? Morden Sie
Mich auch, wie Sie den Edelsten gemordet.
Mein Leben ist verwirkt. Ich weiß. Was ist
Mir jetzt das Leben? Hier entsag ich allem,
Was mich auf dieser Welt erwartet. Suchen
Sie unter Fremdlingen sich einen Sohn –
Da liegen meine Reiche –

*Er sinkt an dem Leichnam nieder und nimmt an dem Folgenden
keinen Anteil mehr. Man hört unterdessen von ferne ein verworrenes
Getöse von Stimmen und ein Gedränge vieler Menschen. Um den
König herum ist eine tiefe Stille. Seine Augen durchlaufen den ganzen
Kreis, aber niemand begegnet seinen Blicken.*

KÖNIG.
Nun? Will niemand
Antworten? – Jeder Blick am Boden – jedes
Gesicht verhüllt! – Mein Urteil ist gesprochen.
In diesen stummen Mienen les ich es
Verkündigt. Meine Untertanen haben mich
Gerichtet.

*Das vorige Stillschweigen. – Der Tumult kommt näher und wird
lauter. Durch die umstehenden Granden läuft ein Gemurmel, sie
geben sich untereinander verlegene Winke; Graf Lerma stößt endlich
leise den Herzog von Alba an.*

LERMA.
Wahrlich! Das ist Sturm!

ALBA *leise.*
So fürcht ich.

LERMA.
Man dringt herauf. Man kommt.

Fünfter Auftritt

Ein Offizier von der Leibwache. Die Vorigen.

OFFIZIER *dringend.*
Rebellion!
Wo ist der König?

Er arbeitet sich durch die Menge und dringt bis zum König.

Ganz Madrid in Waffen!
Zu Tausenden umringt der wütende
Soldat, der Pöbel den Palast. Prinz Carlos,
Verbreitet man, sei in Verhaft genommen,
Sein Leben in Gefahr. Das Volk will ihn
Lebendig sehen oder ganz Madrid
In Flammen aufgehn lassen.

ALLE GRANDEN *in Bewegung.*
Rettet! Rettet
Den König!

ALBA *zum König, der ruhig und unbeweglich steht.*
Flüchten Sie sich, Sire – Es hat
Gefahr – Noch wissen wir nicht, wer
Den Pöbel waffnet –

KÖNIG *erwacht aus seiner Betäubung, richtet sich auf und tritt mit Majestät unter sie.*
Steht mein Thron noch?
Bin ich noch König dieses Landes? – Nein.
Ich bin es nicht mehr. Diese Memmen weinen,
Von einem Knaben weichgemacht. Man wartet
Nur auf die Losung, von mir abzufallen.
Ich bin verraten von Rebellen.

ALBA.
Sire,
Welch fürchterliche Phantasie!

KÖNIG.
Dorthin!
Dort werft euch nieder! Vor dem blühenden,
Dem jungen König werft euch nieder! – Ich
Bin nichts mehr – ein ohnmächtger Greis!

ALBA.
Dahin
Ist es gekommen! – Spanier!

*Alle drängen sich um den König herum und knien mit gezogenen
Schwertern vor ihm nieder. Carlos bleibt allein und von allen
verlassen bei dem Leichnam.*

KÖNIG *reißt seinen Mantel ab und wirft ihn von sich.*
Bekleidet
Ihn mit dem königlichen Schmuck – Auf meiner
Zertretnen Leiche tragt ihn –

Er bleibt ohnmächtig in Albas und Lermas Armen.

LERMA.
Hülfe! Gott!

FERIA.
Gott! welcher Zufall!

LERMA.
Er ist von sich –

ALBA *läßt den König in Lermas und Ferias Händen.*
Bringen
Sie ihn zu Bette. Unterdessen geb ich
Madrid den Frieden.

*Er geht ab. Der König wird weggetragen, und alle Granden begleiten
ihn.*

Sechster Auftritt

Carlos bleibt allein bei dem Leichnam zurück. Nach einigen Augenblicken erscheint Ludwig Merkado, sieht sich schüchtern um und steht eine Zeitlang stillschweigend hinter dem Prinzen, der ihn nicht bemerkt.

MERKADO.
Ich komme
Von Ihrer Majestät der Königin.

Carlos sieht wieder weg und gibt ihm keine Antwort.

Mein Name ist Merkado – Ich bin Leibarzt
Bei Ihrer Majestät – und hier ist meine
Beglaubigung.

Er zeigt dem Prinzen einen Siegelring – dieser verharrt in seinem Stillschweigen.

Die Königin wünscht sehr,
Sie heute noch zu sprechen – wichtige
Geschäfte –

CARLOS.
Wichtig ist mir nichts mehr
Auf dieser Welt.

MERKADO.
Ein Auftrag, sagte sie,
Den Marquis Posa hinterlassen –

CARLOS *steht schnell auf.*
Was?
Sogleich.

Er will mit ihm gehen.

MERKADO.
Nein! Jetzt nicht, gnädger Prinz. Sie müssen
Die Nacht erwarten. Jeder Zugang ist
Besetzt und alle Wachen dort verdoppelt.
Unmöglich ist es, diesen Flügel des
Palastes ungesehen zu betreten.
Sie würden alles wagen –

CARLOS.
Aber –

MERKADO.
Nur
Ein Mittel, Prinz, ist höchstens noch vorhanden –
Die Königin hat es erdacht. Sie legt
Es Ihnen vor – Doch es ist kühn und seltsam
Und abenteuerlich.

CARLOS.
Das ist?

MERKADO.
Schon längst
Geht eine Sage, wie Sie wissen, daß
Um Mitternacht in den gewölbten Gängen
Der königlichen Burg, in Mönchsgestalt,
Der abgeschiedne Geist des Kaisers wandle.
Der Pöbel glaubt an dies Gerücht, die Wachen
Beziehen nur mit Schauer diesen Posten.
Wenn Sie entschlossen sind, sich dieser
Verkleidung zu bedienen, können Sie
Durch alle Wachen frei und unversehrt
Bis zum Gemach der Königin gelangen,
Das dieser Schlüssel öffnen wird. Vor jedem Angriff
Schützt Sie die heilige Gestalt. Doch auf
Der Stelle, Prinz, muß Ihr Entschluß gefaßt sein.
Das nötge Kleid, die Maske finden Sie
In Ihrem Zimmer. Ich muß eilen, Ihrer Majestät
Antwort zu bringen.

CARLOS.
Und die Zeit?

MERKADO.
Die Zeit
Ist zwölf Uhr.

CARLOS.
Sagen Sie ihr, daß sie mich
Erwarten könne.

Merkado geht ab.

Siebenter Auftritt

Carlos. Graf Lerma.

LERMA.
Retten Sie sich, Prinz.
Der König wütet gegen Sie. Ein Anschlag
Auf Ihre Freiheit – wo nicht auf Ihr Leben.
Befragen Sie mich weiter nicht. Ich habe
Mich weggestohlen, Sie zu warnen. Fliehen
Sie ohne Aufschub.

CARLOS.
Ich bin in den Händen
Der Allmacht.

LERMA.
Wie die Königin mich eben
Hat merken lassen, sollen Sie noch heute
Madrid verlassen und nach Brüssel flüchten.
Verschieben Sie es nicht, ja nicht! Der Aufruhr
Begünstigt Ihre Flocht. In dieser Absicht
Hat ihn die Königin veranlaßt. Jetzt
Wird man sich nicht erkühnen, gegen Sie
Gewalt zu brauchen. Im Kartäuserkloster
Erwartet Sie die Post, und hier sind Waffen,
Wenn Sie gezwungen sollten sein –

Er gibt ihm einen Dolch und Terzerolen.

CARLOS.
Dank, Dank,
Graf Lerma!

LERMA.
Ihre heutige Geschichte
Hat mich im Innersten gerührt. So liebt
Kein Freund mehr! Alle Patrioten weinen
Um Sie. Mehr darf ich jetzt nicht sagen.

CARLOS.
Graf Lerma! Dieser Abgeschiedne nannte
Sie einen edlen Mann.

LERMA.
Noch einmal, Prinz!
Reisen Sie glücklich. Schönre Zeiten werden kommen;
Dann aber werd ich nicht mehr sein. Empfangen
Sie meine Huldigung schon hier.

Er läßt sich auf ein Knie vor ihm nieder.

CARLOS *will ihn zurückhalten. Sehr bewegt.*
Nicht also –
Nicht also, Graf- Sie rühren mich – Ich möchte
Nicht gerne weich sein –

LERMA *küßt seine Hand mit Empfindung.*
König meiner Kinder!
O, meine Kinder werden sterben dürfen
Für Sie. Ich darf es nicht. Erinnern Sie sich meiner
In meinen Kindern. – Kehren Sie in Frieden
Nach Spanien zurücke. Seien Sie
Ein Mensch auf König Philipps Thron. Sie haben
Auch Leiden kennenlernen. Unternehmen Sie
Nichts Blutges gegen Ihren Vater! Ja
Nichts Blutiges, mein Prinz! Philipp der Zweite
Zwang Ihren Ältervater, von dem Thron
Zu steigen – Dieser Philipp zittert heute
Vor seinem eignen Sohn! Daran gedenken
Sie, Prinz – und so geleite Sie der Himmel!
*Er geht schnell weg. Carlos ist im Begriff, auf einem andern Wege
fort zueilen, kehrt aber plötzlich um und wirft sich vor dem Leichnam
des Marquis nieder, den er noch einmal in seine Arme schließt.
Dann verläßt er schnell das Zimmer.*

Vorzimmer des Königs.

Achter Auftritt

Herzog von Alba und Herzog von Feria kommen im Gespräch.

ALBA.
Die Stadt ist ruhig. Wie verließen Sie
Den König?

FERIA.
In der fürchterlichsten Laune.
Er hat sich eingeschlossen. Was sich auch
Ereignen würde, keinen Menschen will
Er vor sich lassen. Die Verräterei
Des Marquis hat auf einmal seine ganze
Natur verändert. Wir erkennen ihn
Nicht mehr.

ALBA.
Ich muß zu ihm. Ich kann ihn diesmal
Nicht schonen. Eine wichtige Entdeckung,
Die eben jetzt gemacht wird –

FERIA.
Eine neue
Entdeckung?

ALBA.
Ein Kartäusermönch, der in
Des Prinzen Zimmer heimlich sich gestohlen
Und mit verdächtger Wißbegier den Tod
Des Marquis Posa sich erzählen lassen,
Fällt meinen Wachen auf. Man hält ihn an.
Man untersucht. Die Angst des Todes preßt
Ihm ein Geständnis aus, daß er Papiere
Von großem Werte bei sich trage, die
Ihm der Verstorbne anbefohlen, in
Des Prinzen Hand zu übergeben – wenn
Er sich vor Sonnenuntergang nicht mehr
Ihm zeigen würde.

FERIA.
Nun?

ALBA.
Die Briefe lauten,
Daß Carlos binnen Mitternacht und Morgen
Madrid verlassen soll.

FERIA.
Was?

ALBA.
Daß ein Schiff
In Cadix segelfertig liege, ihn
Nach Vlissingen zu bringen – daß die Staaten
Der Niederlande seiner nur erwarten,
Die span'sche Ketten abzuwerfen.

FERIA.
Ha!
Was ist das?

ALBA.
Andre Briefe melden,
Daß eine Flotte Solimans bereits
Von Rhodus ausgelaufen – den Monarchen
Von Spanien, laut des geschloßnen Bundes,
Im Mittelländschen Meere anzugreifen.

FERIA.
Ists möglich?

ALBA.
Eben diese Briefe lehren
Die Reisen mich verstehn, die da Malteser
Durch ganz Europa jüngst getan. Es galt
Nichts Kleineres, als alle nordschen Mächte
Für der Flamänder Freiheit zu bewaffnen.

FERIA.
Das war er!

ALBA.
Diesen Briefen endlich folgt

Ein ausgeführter Plan des ganzen Krieges,
Der von der span'schen Monarchie auf immer
Die Niederlande trennen soll. Nichts, nichts
Ist übersehen, Kraft und Widerstand
Berechnet, alle Quellen, alle Kräfte
Des Landes pünktlich angegeben, alle
Maximen, welche zu befolgen, alle
Bündnisse, die zu schließen. Der Entwurf
Ist teuflisch, aber wahrlich – göttlich.

FERIA.
Welch undurchdringlicher Verräter!

ALBA.
Noch
Beruft man sich in diesem Brief auf eine
Geheime Unterredung, die der Prinz
Am Abend seiner Flucht mit seiner Mutter
Zustandebringen sollte.

FERIA.
Wie? Das wäre
Ja heute.

ALBA.
Diese Mitternacht. Auch hab ich
Für diesen Fall Befehle schon gegeben.
Sie sehen, daß es dringt, kein Augenblick
Ist zu verlieren – Öffnen Sie das Zimmer
Des Königs.

FERIA.
Nein! Der Eintritt ist verboten.

ALBA.
So öffn ich selbst – die wachsende Gefahr
Rechtfertigt diese Kühnheit –

Wie er gegen die Türe geht, wird sie geöffnet, und der König tritt heraus.

FERIA.
Ha! Er selbst!

Neunter Auftritt

König zu den Vorigen.

Alle erschrecken über seinen Anblick, weichen zurück und lassen ihn ehrerbietig mitten durch. Er kommt in einem wachen Traume, wie eines Nachtwandlers. – Sein Anzug und seine Gestalt zeigen noch die Unordnung, worein ihn die gehabte Ohnmacht versetzt hat. Mit langsamen Schritten geht er an den anwesenden Granden vorbei, sieht jeden starr an, ohne einen einzigen wahrzunehmen. Endlich bleibt er gedankenvoll stehen, die Augen zur Erde gesenkt, bis seine Gemütsbewegung nach und nach laut wird.

KÖNIG.
Gib diesen Toten mir heraus. Ich muß
Ihn wiederhaben.

DOMINGO *leise zum Herzog von Alba.*
Reden Sie ihn an.

KÖNIG *wie oben.*
Er dachte klein von mir und starb. Ich muß
Ihn wiederhaben. Er muß anders von
Mir denken.

ALBA *nähert sich mit Furcht.*
Sire –

KÖNIG.
Wer redet hier?

Er sieht lange im Kreis herum.

Hat man
Vergessen, wer ich bin? Warum nicht auf
Den Knien vor mir, Kreatur? Noch bin
Ich König. Unterwerfung will ich sehen.
Setzt alles mich hintan, weil einer mich
Verachtet hat?

ALBA.
Nichts mehr von ihm, mein König!
Ein neuer Feind, bedeutender als dieser,
Steht auf im Herzen Ihres Reichs. –

FERIA.
Prinz Carlos –

KÖNIG.
Er hatte einen Freund, der in den Tod
Gegangen ist für ihn – für ihn! Mit mir
Hätt er ein Königreich geteilt! – Wie er
Auf mich heruntersah! So stolz sieht man
Von Thronen nicht herunter. Wars nicht sichtbar,
Wieviel er sich mit der Erobrung wußte?
Was er verlor, gestand sein Schmerz. So wird
Um nichts Vergängliches geweint – Daß er noch lebte!
Ich gäb ein Indien dafür. Trostlose Allmacht,
Die nicht einmal in Gräber ihren Arm
Verlängern, eine kleine Übereilung
Mit Menschenleben nicht verbessern kann!
Die Toten stehen nicht mehr auf Wer darf
Mir sagen, daß ich glücklich bin? Im Grabe
Wohnt einer, der mir Achtung vorenthalten.
Was gehn die Lebenden mich an? Ein Geist,
Ein freier Mann stand auf in diesem ganzen
Jahrhundert – Einer – Er verachtet mich
Und stirbt.

ALBA.
So lebten wir umsonst! – Laßt uns
Zu Grabe gehen, Spanier. Auch noch
Im Tode raubt uns dieser Mensch das Herz
Des Königs!

KÖNIG *er setzt sich nieder, den Kopf auf den Arm gestützt.*
Wär er mir also gestorben!
Ich hab ihn liebgehabt, sehr lieb. Er war
Mir teuer wie ein Sohn. In diesem Jüngling
Ging mir ein neuer, schönrer Morgen auf.
Wer weiß, was ich ihm aufbehalten! Er
War meine erste Liebe. Ganz Europa
Verfluche mich! Europa mag mir fluchen.
Von diesem hab ich Dank verdient.

DOMINGO.
Durch welche
Bezauberung –

KÖNIG.
Und wem bracht er dies Opfer?
Dem Knaben, meinem Sohne? Nimmermehr.
Ich glaub es nicht. Für einen Knaben stirbt
Ein Posa nicht. Der Freundschaft arme Flamme
Füllt eines Posa Herz Dicht aus. Das schlug
Der ganzen Menschheit. Seine Neigung war
Die Welt mit allen kommenden Geschlechtern.
Sie zu vergnügen fand er einen Thron –
Und geht vorüber? Diesen Hochverrat
An seiner Menschheit sollte Posa sich
Vergeben? Nein. Ich kenn ihn besser. Nicht
Den Philipp opfert er dem Carlos, nur
Den alten Mann dem Jüngling, seinem Schüler.
Des Vaters untergehnde Sonne lohnt
Das neue Tagwerk nicht mehr. Das verspart man
Dem nahen Aufgang seines Sohns – O, es ist klar!
Auf meinen Hintritt wird gewartet.

ALBA.
Lesen Sie
In diesen Briefen die Bekräftigung.

KÖNIG *steht auf.*
Er könnte sich verrechnet haben. Noch,
Noch bin ich. Habe Dank, Natur. Ich fühle
In meinen Sehnen Jünglingskraft. Ich will
Ihn zum Gelächter machen. Seine Tugend
Sei eines Träumers Hirngespinst gewesen.
Er sei gestorben als ein Tor. Sein Sturz
Erdrücke seinen Freund und sein Jahrhundert!
Laß sehen, wie man mich entbehrt. Die Welt
Ist noch auf einen Abend mein. Ich will
Ihn nützen, diesen Abend, daß nach mir
Kein Pflanzer mehr in zehen Menschenaltern
Auf dieser Brandstatt ernten soll. Er brachte

Der Menschheit, seinem Götzen, mich zum Opfer;
Die Menschheit büße mir für ihn! – Und jetzt –
Mit seiner Puppe fang ich an.

Zum Herzog von Alba.

Was wars
Mit dem Infanten? Wiederholt es mir. Was lehren
Mich diese Briefe?

ALBA.
Diese Briefe, Sire,
Enthalten die Verlassenschaft des Marquis
Von Posa an Prinz Karl.

KÖNIG *durchläuft die Papiere, wobei er von allen Umstehenden
scharf beobachtet wird. Nachdem er eine Zeitlang gelesen, legt er sie
weg und geht stillschweigend durch das Zimmer.*

Man rufe mir
Den Inquisitor Kardinal. Ich laß
Ihn bitten, eine Stunde mir zu schenken.

*Einer von den Granden geht hinaus. Der König nimmt die Papiere
wieder, liest fort und legt sie abermals weg.*

In dieser Nacht also?

TAXIS.
Schlag zwei Uhr soll
Die Post vor dem Kartäuserkloster halten.

ALBA.
Und Leute, die ich ausgesendet, sahen
Verschiednes Reis'geräte, an dem Wappen
Der Krone kenntlich, nach dem Kloster tragen.

FERIA.
Auch sollen große Summen auf den Namen
Der Königin bei maurischen Agenten
Betrieben worden sein, in Brüssel zu
Erheben.

KÖNIG.
Wo verließ man den Infanten?

ALBA.
Beim Leichnam des Maltesers.

KÖNIG.
Ist noch Licht im Zimmer
Der Königin?

ALBA.
Dort ist alles still. Auch hat
Sie ihre Kammerfrauen zeitiger,
Als sonsten zu geschehen pflegt, entlassen.
Die Herzogin von Arkos, die zuletzt
Aus ihrem Zimmer ging, verließ sie schon
In tiefem Schlafe.

*Ein Offizier von der Leibwache tritt herein, zieht den Herzog von
Feria auf die Seite und spricht leise mit ihm. Dieser wendet sich
betreten zum Herzog von Alba, andre drängen sich hinzu, und es
entsteht ein Gemurmel.*

FERIA, TAXIS, DOMINGO *zugleich.*
Sonderbar!

KÖNIG.
Was gibt es?

FERIA.
Eine Nachricht, Sire, die kaum
Zu glauben ist –

DOMINGO.
Zween Schweizer, die soeben
Von ihrem Posten kommen, melden – es
Ist lächerlich, es nachzusagen.

KÖNIG.
Nun?

ALBA.
Daß in dem linken Flügel des Palasts
Der Geist des Kaisers sich erblicken lassen
Und mit beherztem, feierlichem Schritt an ihnen
Vorbeigegangen. Eben diese Nachricht
Bekräftgen alle Wachen, die durch diesen

Pavillon verbreitet stehn, und setzen
Hinzu, daß die Erscheinung in den Zimmern
Der Königin verschwunden.

KÖNIG.
Und in welcher
Gestalt erschien er?

OFFIZIER.
In dem nämlichen
Gewand, das er zum letztenmal in Justi
Als Hieronymitermönch getragen.

KÖNIG.
Als Mönch? Und also haben ihn die Wachen
Im Leben noch gekannt? Denn woher wußten
Sie sonst, daß es der Kaiser war?

OFFIZIER.
Daß es
Der Kaiser müsse sein, bewies das Zepter,
Das er in Händen trug.

DOMINGO.
Auch will man ihn
Schon öfters, wie die Sage geht, in dieser
Gestalt gesehen haben.

KÖNIG.
Angeredet hat
Ihn niemand?

OFFIZIER.
Niemand unterstand sich.
Die Wachen sprachen ihr Gebet und ließen
Ihn ehrerbietig mitten durch.

KÖNIG.
Und in den Zimmern
Der Königin verlor sich die Erscheinung?

OFFIZIER.
Im Vorgemach der Königin.

Allgemeines Stillschweigen.

KÖNIG *wendet sich schnell um.*
Wie sagt ihr?

ALBA.
Sire, wir sind stumm.

KÖNIG *nach einigem Besinnen zu dem Offizier.*
Laßt meine Garden unter
Die Waffen treten und jedweden Zugang
Zu diesem Flügel sperren. Ich bin lüstern,
Ein Wort mit diesem Geist zu reden.
Der Offizier geht ab. Gleich darauf ein Page.

PAGE.
Sire!
Der Inquisitor Kardinal.

KÖNIG *zu den Anwesenden.*
Verlaßt uns.

Der Kardinal Großinquisitor, ein Greis von neunzig Jahren und blind, auf einen Stab gestützt und von zwei Dominikanern geführt. Wie er durch ihre Reihen geht, werfen sich alle Granden vor ihm nieder und berühren den Saum seines Kleides. Er erteilt ihnen den Segen. Alle entfernen sich.

Zehnter Auftritt

Der König und der Großinquisitor.
Ein langes Stillschweigen.

GROSSINQUISITOR.
Steh
Ich vor dem König?

KÖNIG.
Ja.

GROSSINQUISITOR.
Ich war mirs nicht mehr
Vermutend.

KÖNIG.

Ich erneure einen Auftritt
Vergangner Jahre. Philipp, der Infant,
Holt Rat bei seinem Lehrer.

GROSSINQUISITOR.
Rat bedurfte
Mein Zögling Karl, Ihr großer Vater, niemals.

KÖNIG.
Um soviel glücklicher war er. Ich habe
Gemordet, Kardinal, und keine Ruhe –

GROSSINQUISITOR.
Weswegen haben Sie gemordet?

KÖNIG.
Ein Betrug, der ohne Beispiel ist –

GROSSINQUISITOR.
Ich weiß ihn.

KÖNIG.
Was wisset Ihr? Durch wen? Seit wann?

GROSSINQUISITOR.
Seit Jahren,
Was Sie seit Sonnenuntergang.

KÖNIG *mit Befremdung.*
Ihr habt
Von diesem Menschen schon gewußt?

GROSSINQUISITOR.
Sein Leben
Liegt angefangen und beschlossen in
Der Santa Casa heiligen Registern.

KÖNIG.
Und er ging frei herum?

GROSSINQUISITOR.
Das Seil, an dem
Er flatterte, war lang, doch unzerreißbar.

KÖNIG.
Er war schon außer meines Reiches Grenzen.

GROSSINQUISITOR.
Wo er sein mochte, war ich auch.

KÖNIG *geht unwillig auf und nieder.*
Man wußte,
In wessen Hand ich war – Warum versäumte man,
Mich zu erinnern?

GROSSINQUISITOR.
Diese Frage geb ich
Zurücke – Warum fragten Sie nicht an,
Da Sie in dieses Menschen Arm sich warfen?
Sie kannten ihn! Ein Blick entlarvte Ihnen
Den Ketzer. – Was vermochte Sie, dies Opfer
Dem heilgen Amt zu unterschlagen? Spielt
Man so mit uns? wenn sich die Majestät
Zur Hehlerin erniedrigt – hinter unserm Rücken
Mit unsern schlimmsten Feinden sich versteht,
Was wird mit uns? Darf einer Gnade finden,
Mit welchem Rechte wurden Hunderttausend
Geopfert?

KÖNIG.
Er ist auch geopfert.

GROSSINQUISITOR.
Nein!
Er ist ermordet – ruhmlos! freventlich! – Das Blut,
Das unsrer Ehre glorreich fließen sollte,
Hat eines Meuchelmörders Hand verspritzt.
Der Mensch war unser – Was befugte Sie,
Des Ordens heilge Güter anzutasten?
Durch uns zu sterben war er da. Ihn schenkte
Der Notdurft dieses Zeitenlaufes Gott,
In seines Geistes feierlicher Schändung
Die prahlende Vernunft zur Schau zu führen.
Das war mein überlegter Plan. Nun liegt
Sie hingestreckt, die Arbeit vieler Jahre!
Wir sind bestohlen, und Sie haben nichts
Als blutge Hände.

KÖNIG.
Leidenschaft riß mich
Dahin. Vergib mir.

GROSSINQUISITOR.
Leidenschaft? – Antwortet
Mir Philipp, der Infant? Bin ich allein
Zum alten Mann geworden? – Leidenschaft!

Mit unwilligem Kopfschütteln.

Gib die Gewissen frei in deinen Reichen,
Wenn du in deinen Ketten gehst.

KÖNIG.
Ich bin
In diesen Dingen noch ein Neuling. Habe
Geduld mit mir.

GROSSINQUISITOR.
Nein! Ich bin nicht mit Ihnen
Zufrieden. – Ihren ganzen vorigen
Regentenlauf zu lästern! Wo war damals
Der Philipp, dessen feste Seele wie
Der Angelstern am Himmel unverändert
Und ewig um sich selber treibt? War eine ganze
Vergangenheit versunken hinter Ihnen?
War in dem Augenblick die Welt nicht mehr
Die nämliche, da Sie die Hand ihm boten?
Gift nicht mehr Gift? War zwischen Gut und Übel
Und Wahr und Falsch die Scheidewand gefallen?
Was ist ein Vorsatz? Was Beständigkeit,
Was Männertreue, wenn in einer lauen
Minute eine sechzigjährge Regel
Wie eines Weibes Laune schmilzt?

KÖNIG.
Ich sah in seine Augen – Halte mir
Den Rückfall in die Sterblichkeit zugut.
Die Welt hat einen Zugang weniger
Zu deinem Herzen. Deine Augen sind erloschen.

GROSSINQUISITOR.
Was sollte Ihnen dieser Mensch? Was konnte
Er Neues Ihnen vorzuzeigen haben,
Worauf Sie nicht bereitet waren? Kennen
Sie Schwärmersinn und Neuerung so wenig?
Der Weltverbeßrer prahlerische Sprache
Klang Ihrem Ohr so ungewohnt? Wenn das
Gebäude Ihrer Überzeugung schon
Von Worten fällt – mit welcher Stirne, muß
Ich fragen, schrieben Sie das Bluturteil
Der hunderttausend schwachen Seelen, die
Den Holzstoß für nichts Schlimmeres bestiegen?

KÖNIG.
Mich lüstete nach einem Menschen. Diese
Domingo –

GROSSINQUISITOR.
Wozu Menschen? Menschen sind
Für Sie nur Zahlen, weiter nichts. Muß ich
Die Elemente der Monarchenkunst
Mit meinem grauen Schüler überhören?
Der Erde Gott verlange zu bedürfen,
Was ihm verweigert werden kann. – Wenn Sie
Um Mitgefühle wimmern, haben Sie
Der Welt nicht Ihresgleichen zugestanden?
Und welche Rechte, möcht ich wissen, haben
Sie aufzuweisen über Ihresgleichen?

KÖNIG *wirft sich in den Sessel.*
Ich bin ein kleiner Mensch, ich fühls – Du forderst
Von dem Geschöpf, was nur der Schöpfer leistet.

GROSSINQUISITOR.
Nein, Sire. Mich hintergeht man nicht. Sie sind
Durchschaut – Uns wollten Sie entfliehen.
Des Ordens schwere Ketten drückten Sie;
Sie wollten frei und einzig sein.

Er hält inne. Der König schweigt.

Wir sind gerochen – Danken Sie der Kirche,

257

Die sich begnügt, als Mutter Sie zu strafen.
Die Wahl, die man Sie blindlings treffen lassen,
War Ihre Züchtigung. Sie sind belehrt.
Jetzt kehren Sie zu uns zurück – Stünd ich
Nicht jetzt vor Ihnen – beim lebendgen Gott!
Sie wären morgen so vor mir gestanden.

KÖNIG.
Nicht diese Sprache! Mäßige dich, Priester!
Ich duld es nicht. Ich kann in diesem Ton
Nicht mit mir sprechen hören.

GROSSINQUISITOR.
Warum rufen Sie
Den Schatten Samuels herauf? – Ich gab
Zwei Könige dem spanschen Thron und hoffte,
Ein festgegründet Werk zu hinterlassen.
Verloren seh ich meines Lebens Frucht,
Don Philipp selbst erschüttert mein Gebäude.
Und jetzo, Sire – Wozu bin ich gerufen?
Was soll ich hier? – Ich bin nicht willens, diesen
Besuch zu wiederholen.

KÖNIG.
Eine Arbeit noch,
Die letzte – dann magst du in Frieden scheiden.
Vorbei sei das Vergangne, Friede sei
Geschlossen zwischen uns – Wir sind versöhnt?

GROSSINQUISITOR.
Wenn Philipp sich in Demut beugt.

KÖNIG *nach einer Pause.*
Mein Sohn
Sinnt auf Empörung.

GROSSINQUISITOR.
Was beschließen Sie?

KÖNIG.
Nichts – oder alles.

GROSSINQUISITOR.

Und was heißt hier alles?

KÖNIG.
Ich laß ihn fliehen, wenn ich ihn
Nicht sterben lassen kann.

GROSSINQUISITOR.
Nun, Sire?

KÖNIG.
Kannst du mir einen neuen Glauben gründen,
Der eines Kindes blutgen Mord verteidigt?

GROSSINQUISITOR.
Die ewige Gerechtigkeit zu sühnen,
Starb an dem Holze Gottes Sohn.

KÖNIG.
Du willst
Durch ganz Europa diese Meinung pflanzen?

GROSSINQUISITOR.
So weit, als man das Kreuz verehrt.

KÖNIG.
Ich frevle
An der Natur – auch diese mächtge Stimme
Willst du zum Schweigen bringen?

GROSSINQUISITOR.
Vor dem Glauben
Gilt keine Stimme der Natur.

KÖNIG.
Ich lege
Mein Richteramt in deine Hände – Kann
Ich ganz zurücke treten?

GROSSINQUISITOR.
Geben Sie
Ihn mir.

KÖNIG.
Es ist mein einzger Sohn – Wem hab ich
Gesammelt?

GROSSINQUISITOR.
Der Verwesung lieber als
Der Freiheit.

KÖNIG *steht auf.*
Wir sind einig. Kommt.

GROSSINQUISITOR.
Wohin?

KÖNIG.
Aus meiner Hand das Opfer zu empfangen.

Er führt ihn hinweg.

Zimmer der Königin.

Letzter Auftritt

Carlos. Die Königin. Zuletzt der König mit Gefolge.
CARLOS *in einem Mönchsgewand, eine Maske vor dem Gesichte,
die er eben jetzt abnimmt, unter dem Arme ein bloßes Schwert. Es ist
ganz finster. Er nähert sich einer Türe, welche geöffnet wird. Die
Königin tritt heraus im Nachtkleide, mit einem brennenden Licht.
Carlos läßt sich vor ihr auf ein Knie nieder.*
Elisabeth!

KÖNIGIN *mit stiller Wehmut auf seinem Anblick verweilend.*
So sehen wir uns wieder!

CARLOS.
So sehen wir uns wieder!

Stillschweigen.

KÖNIGIN *sucht sich zu fassen.*
Stehn Sie auf! Wir wollen
Einander nicht erweichen, Karl. Nicht durch
Ohnmächtge Tränen will der große Tote
Gefeiert werden. Tränen mögen fließen
Für kleine Leiden! – Er hat sich geopfert
Für Sie! Mit seinem teuern Leben
Hat er das Ihrige erkauft – Und dieses Blut

Wär einem Hirngespinst geflossen? – Carlos!
Ich selber habe gutgesagt für Sie.
Auf meine Bürgschaft schied er freudiger
Von hinnen. Werden Sie zur Lügnerin
Mich machen?

CARLOS *mit Begeisterung.*
Einen Leichenstein will ich
Ihm setzen, wie noch keinem Könige
Geworden – Über seiner Asche blühe
Ein Paradies!

KÖNIGIN.
So hab ich Sie gewollt!
Das war die große Meinung seines Todes!
Mich wählte er zu seines letzten Willens
Vollstreckerin. Ich mahne Sie. Ich werde
Auf die Erfüllung dieses Eides halten.
– Und noch ein anderes Vermächtnis legte
Der Sterbende in meine Hand – Ich gab ihm
Mein Wort – und – warum soll ich es verschweigen?
Er übergab mir seinen Karl – Ich trotze
Dem Schein – ich will vor Menschen nicht mehr zittern,
Will einmal kühn sein wie ein Freund. Mein Herz
Soll reden. Tugend nannt er unsre Liebe?
Ich glaub es ihm und will mein Herz nicht mehr –

CARLOS.
Vollenden Sie nicht, Königin – Ich habe
In einem langen, schweren Traum gelegen.
Ich liebte – Jetzt bin ich erwacht. Vergessen
Sei das Vergangne! Hier sind Ihre Briefe
Zurück. Vernichten Sie die meinen. Fürchten
Sie keine Wallung mehr von mir. Es ist
Vorbei. Ein reiner Feuer hat mein Wesen
Geläutert. Meine Leidenschaft wohnt in den Gräbern
Der Toten. Keine sterbliche Begierde
Teilt diesen Busen mehr.

Nach einem Stillschweigen ihre Hand fassend.

Ich kam, um Abschied
Zu nehmen – Mutter, endlich seh ich ein,
Es gibt ein höher, wünschenswerter Gut,
Als dich besitzen – Eine kurze Nacht
Hat meiner Jahre trägen Lauf beflügelt,
Frühzeitig mich zum Mann gereift. Ich habe
Für dieses Leben keine Arbeit mehr
Als die Erinnerung an ihn! Vorbei
Sind alle meine Ernten –

Er nähert sich der Königin, welche das Gesicht verhüllt.

Sagen Sie
Mir gar nichts, Mutter?

KÖNIGIN.
Kehren Sie sich nicht
An meine Tränen, Karl – Ich kann nicht anders –
Doch glauben Sie mir, ich bewundre Sie.

CARLOS.
Sie waren unsers Bundes einzige
Vertraute – Unter diesem Namen werden
Sie auf der ganzen Welt das Teuerste
Mir bleiben. Meine Freundschaft kann ich Ihnen
So wenig als noch gestern meine Liebe
Verschenken an ein andres Weib – Doch heilig
Sei mir die königliche Witwe, führt
Die Vorsicht mich auf diesen Thron.

Der König, begleitet vom Großinquisitor und seinen Granden, erscheint im Hintergrunde, ohne bemerkt zu werden.

Jetzt geh ich
Aus Spanien und sehe meinen Vater
Nicht wieder – Nie in diesem Leben wieder.
Ich schätz ihn nicht mehr. Ausgestorben ist
In meinem Busen die Natur – Sein Sie
Ihm wieder Gattin. Er hat einen Sohn
Verloren. Treten Sie in Ihre Pflichten
Zurück – Ich eile, mein bedrängtes Volk
Zu retten von Tyrannenhand. Madrid

Sieht nur als König oder nie mich wieder.
Und jetzt zum letzten Lebewohl!

Er küßt sie.

KÖNIGIN.

O Karl!

Was machen Sie aus mir? – Ich darf mich nicht
Empor zu dieser Männergröße wagen;
Doch fassen und bewundern kann ich Sie.

CARLOS.

Bin ich nicht stark, Elisabeth? Ich halte
In meinen Armen Sie und wanke nicht.
Von dieser Stelle hätten mich noch gestern
Des nahen Todes Schrecken nicht gerissen.

Er verläßt sie.

Das ist vorbei. Jetzt trotz ich jedem Schicksal
Der Sterblichkeit. Ich hielt Sie in den Armen
Und wankte nicht. – Still! Hörten Sie nicht etwas?

Eine Uhr schlägt.

KÖNIGIN.
Nichts hör ich als die fürchterliche Glocke,
Die uns zur Trennung lautet.

CARLOS.
Gute Nacht denn, Mutter.
Aus Gent empfangen Sie den ersten Brief
Von mir, der das Geheimnis unsers Umgangs
Lautmachen soll. Ich gehe, mit Don Philipp
Jetzt einen öffentlichen Gang zu tun.
Von nun an, will ich, sei nichts Heimliches
Mehr unter uns. Sie brauchen nicht das Auge
Der Welt zu scheuen. – Dies hier sei mein letzter
Betrug.

Er will nach der Maske greifen. Der König steht zwischen ihnen.

KÖNIG.
Es ist dein letzter!

Die Königin fällt ohnmächtig nieder.

CARLOS *eilt auf sie zu und empfängt sie mit den Armen.*
Ist sie tot?
O Himmel und Erde!

KÖNIG *kalt und still zum Großinquisitor.*
Kardinal! Ich habe
Das Meinige getan. Tun Sie das Ihre!

Er geht ab.

Titelliste Taschenbuch-Literatur-Klassiker

Bd. 1 *Abenteuer und Fahrten des Huckleberry Finn*, Mark Twain, Bd. 2 *Andersens Märchen*, Hans Christian Andersen, Bd. 3 *Anton Reiser*, Karl Philipp Moritz, Bd. 4 *Aus dem Leben eines Taugenichts*, Joseph Freiherr v. Eichendorff, Bd. 5 *Bahnwärter Thiel*, Gerhard Hauptmann, Bd. 6 *Bambi Eine Lebensgeschichte aus dem Walde*, Felix Salten, Bd. 7 *Bauern, Bonzen und Bomben*, Hans Fallada, Bd. 8 *Bel Ami*, Guy de Maupassant, Bd. 9 *Bergkristall*, Adalbert Stifter, Bd. 10 *Candide oder der Optimismus*, Voltaire, Bd. 11 *Caspar Hauser oder Die Trägheit des Herzens*, Jakob Wassermann, Bd. 12 *Dantons Tod*, Georg Büchner, Bd. 13 *Das Bildnis des Dorian Grey*, Oscar Wilde, Bd. 14 *Das Dschungelbuch*, Rudyard Kipling, Bd. 15 *Das Fräulein von Scuderi*, ETA Hoffmann, Bd. 16 *Das Gemeindekind*, Marie v. Ebner-Eschenbach, Bd. 17 *Das Heptameron*, Margarete v. Navarra, Bd. 18 *Märchenbriefbuch der heiligen Nächte*, Max Dauphtendey, Bd. 19 *Das Marmorbild*, Joseph v. Eichendorff, Bd. 20 *Das Schloss*, Franz Kafka, Bd. 21 *Das Urteil*, Franz Kafka, Bd. 22 *David Copperfield*, Charles Dickens, Bd. 23 *Der abenteuerliche Simplizissimus*, Grimmelshausen, Bd. 24 *Der arme Spielmann*, Franz Grillparzer, Bd. 25 *Der eingebildete Kranke*, Moliere, Bd. 26 *Der ewige Spießer*, Ödön v. Horváth, Bd. 27 *Der Fürst*, Nocolò Machiavelli, Bd. 28 *Der Glöckner von Notre Dame*, Victor Hugo, Bd. 29 *Der goldene Esel, Apuleius*, Bd. 30 *Der goldene Topf*, ETA Hoffmann, Bd. 31 *Der Graf von Monte Christo*, Alexandre Dumas, Bd. 32 *Der grüne Heinrich*, Gottfried Keller, Bd. 33 *Der kleine Häwelmann und andere Märchen*, Theodor Storm, Bd. 34 *Der kleine Lord*, Frances Hodgson Burnett, Bd. 35 *Der letzte Mohikaner*, James Fenimore Cooper, Bd. 36 *Der Prozess*, Franz Kafka, Bd. 37 *Der Sandmann*, ETA Hoffmann, Bd. 38 *Der Schimmelreiter*, Theodor Storm, Bd. 39 *Der Schuss von der Kanzel*, Conrad Ferdinand Meyer, Bd. 40 *Der Seewolf*, Jack London, Bd. 41 *Der seltsame Fall des Dr. Jekyll und Mr. Hyde*, Robert Louis Stevenson, Bd. 42 *Der Stechlin*, Theodor Fontane, Bd. 43 *Der Sturmheidhof (Sturmhöhe)*, Emily Brontë, Bd. 44 *Der Tor und der Tod*, Hugo v. Hofmannsthal, Bd. 45 *Der Weg ins Freie*, Arthur Schnitzler, Bd. 46 *Der zerbrochene Krug*, Heinrich v. Kleist, Bd. 47 *Deutsches Märchenbuch*, Ludwig Bechstein, Bd. 48 *Deutschland. Ein Wintermärchen*, Heinrich Heine, Bd. 49 *Die Abenteuer der sieben Schwaben*, Ludwig Aurbacher, Bd. 50 *Die Burg von Otranto*, Horace Walpole, Bd. 51 *Die drei Musketiere*, Alexandre Dumas, Bd. 52 *Die Elixiere des Teufels*, ETA Hoffmann, Bd. 53 *Die Geschichte meines Lebens*, Georg Ebers, Bd. 54 *Die Insel Felsenburg*, Johann Gottfried Schnabel, Bd. 55 *Die Judenbuche*, Annette v. Droste-Hülshoff, Bd 56. *Die Kameliendame*, Alexandre Dumas, Bd. 57 *Die Kartause von Parma*, Stendhal, Bd. 58 *Die Kreutzersonate*, Lew Tolstoi, Bd. 59 *Die Leiden des jungen Werther*, Johann Wolfgang v. Goethe, Bd. 60 *Die Leute von Seldvyla I*, Gottfried Keller, Bd. 61 *Die Leute von Seldvyla II*, Gottfried Keller, Bd. 62 *Die Marquise*, George Sand, Bd. 63 *Die Marquise von O.*, Heinrich v. Kleist, Bd. 64 *Die Memoiren der Fanny Hill*, John Cleland, Bd. 65 *Die Ratten*, Gerhard Hauptmann, Bd. 66 *Die Räuber*, Friedrich v. Schiller, Bd. 67 *Die Regentrude*, Theodor Storm, Bd. 68 *Die Reisen des Baron zu Münchhausen*, Bd. 69 *Die Schatzinsel*, Robert Louis Stevenson, Bd. 70 *Die Verlobten*, Allessandro Manzoni, Bd. 71 *Die Verwandlung*, Franz Kafka, Bd. 72 *Die Verwirrungen des Zöglings Törleß*, Robert Musil, Bd. 73 *Die Waffen nieder*, Berta von Suttner, Bd. 74 *Die Wahlverwandtschaften*, Johann Wolfgang v. Goethe, Bd. 75 *Don Carlos*, Friedrich v. Schiller, Bd. 76 *Eduards Traum*, Wilhelm Busch, Bd. 77 *Effi Briest*, Theodor Fontane, Bd. 78 *Egmont*, Johann Wolfgang v. Goethe, Bd. 79 *Ein Held unserer Zeit*, Michail Lermontov, Bd. 80 *Einsichten und Ausblicke*, Gerhard Hauptmann, Bd. 81 *Emilia Galotti*, Gottold Ephraim Lessing, Bd. 82 *Erinnerungen aus galanter Zeit*, Giacomo Casanova, Bd. 83 *Erzählungen*, Wilhelm Busch, Bd. 84 *Es waren zwei Königskinder*, Theodor Storm, Bd. 85 *Essays*, Michel de Montaigne, Bd. 86 *Franz Sternbalds Wanderungen*, Ludwig Tieck, Bd. 87 *Fräulein Else*, Arthur Schnitzler, Bd. 88 *Frühlings Erwachen*, Frank Wedekind, Bd. 89 *Gedanken*, Blaise Pascal, Bd. 90 *Gefährliche Liebschaften*,

Pierre-Ambroise-François Choderlos de Laclos, Bd. 91 *Gegen den Strich*, Joris-Karl Huysmany, Bd. 92 *Geschichte des Fräuleins von Sternheim*, Sophie v. La Roche, Bd. 93 *Geschichte vom braven Kasperl und dem Annerl*, Clemens Brentano, Bd. 94 *Geschichten aus dem Wienerwald*, Ödön v. Horváth, Bd. 95 *Glanz und Elend der Kurtisanen*, Honore de Balzac, Bd. 96 *Glück und Unglück der berühmten Moll Flanders*, Daniel Defoe, Bd. 97 *Götz von Berlichingen*, Johann Wolfgang v. Goethe, Bd. 98 *Gullivers Reisen*, Jonathan Swift, Bd. 99 *Heidis Lehr und Wanderjahre*, Johann Spyri, Bd. 100 *Heinrich von Ofterdingen*, Novalis, Bd. 101 *Hiob Roman eines einfachen Mannes*, Joseph Roth, Bd. 102 *Immensee*, Theodor Storm, Bd. 103 *Iphigenie auf Tauris*, Johann Wolfgang v. Goethe, Bd. 104 *Italienische Märchen*, Clemens Brentano, Bd. 105 *Ivannhoe*, Walter Scott, Bd. 106 Jahrmarkt der Eitelkeiten, William Makepaece Thackeray, Bd. 107 *Jane Eyre*, Charlotte Brontë, Bd. 108 *Jugend ohne Gott*, Ödön v. Horvath, Bd. 109 *Jürg Jenatsch*, Conrad Ferdinand Meyer, Bd. 110 *Kabale und Liebe*, Friedrich v. Schiller, Bd. 111 *Kasimir und Karoline*, Ödön v. Horvath, Bd. 112 *Kinder- und Hausmärchen*, Gebrüder Grimm, Bd. 113 *Kleiner Mann, was nun*, Hans Fallada, Bd. 114 *König Alkohol*, Jack London, Bd. 115 *Krambambuli*, Marie Ebner-Eschenbach, Bd. 116 *Lausbubengeschichten*, Ludwig Thoma, Bd. 117 *Lavinia - Pauline - Kora*, George Sand, Bd. 118 *Leben und Lüge*, Detlev von Liliencron, Bd. 119 *Lebensansichten des Katers Murr*, ETA Hoffmann, Bd. 120 *Lenz. Der hessische Landbote*, Georg Büchner, Bd. 121 *Lieutenant Gustl*, Arthur Schnitzler, Bd. 122 *Lord Jim*, Joseph Conrad, Bd. 123 *Luise*, Johann Heinrich Voß, Bd. 124 *Madame Bovary*, Gustave Flaubert, Bd. 125 *Märchen*, Wilhelm Hauff, Bd. 126 *Maria Stuart*, Friedrich v. Schiller, Bd. 127 *Max Havelaar*, Multatuli, Bd. 128 *Meister Floh*, ETA Hoffmann, Bd. 129 *Michael Kohlhaas*, Heinrich v. Kleist, Bd. 130 *Minna von Barnhelm*, Gotthold Ephraim Lessing, Bd. 131 *Moby Dick*, Hermann Melville, Bd. 132 *Nathan, der Weise*, Gotthold Ephraim Lessing, Bd. 133-1 und 133-2 *Nils Holgersson wunderbare Reise*, Selma Lagerlöf, Bd. 134 *Niels Lyne*, Jens Peter Jacobsen, Bd. 135 *Nußknacker und Mausekönig*, ETA Hoffmann, Bd. 136 *Oliver Twist*, Charles Dickens, Bd. 137 *Onkel Toms Hütte*, Herriett Beecher Stowe, Bd. 138 *Peter Schlemihls wundersame Geschichte*, Adalbert v. Chamisso, Bd. 139 *Peterchens Mondfahrt*, Gerdt v. Bassewitz, Bd. 140 *Pinocchio*, Carlo Collodi, Bd. 141 *Reinecke Fuchs*, Johann Wolfgang v. Goethe, Bd. 142 *Rheinmärchen*, Clemens Brentano, Bd. 143 *Rinaldo Rinaldini*, Christian August Vulpius, Bd. 144 *Robinson Crusoe*; Daniel Defoe, Bd. 145 *Romeo und Julia*, William Shakespeare Bd. 146 *Schach von Wuthenow*, Theodor Fontane, Bd. 147 *Schachnovelle*, Stefan Zweig, Bd. 148 *Schatzkästlein des rheinischen Hausfreundes*, Johann Peter Hebel, Bd. 149 *Schelmuffskys Reisebeschreibung*, Christian Reuter, Bd. 150 *Schloss Gripsholm*, Kurt Tucholsky, Bd. 151 *Siebenkäs*, Jean Paul, Bd. 152 *Sternstunden der Menschheit*, Stefan Zweig, Bd. 153 Tao te king, Laotse, Bd. 154 *Till Eulenspiegel*, Hermann Bote, Bd. 155 *Tolldreiste Geschichten*, Honorè de Balzac, Bd. 156 *Tom Jones, Geschichte eines Findelkindes*, Henry Fielding, Bd. 157 *Tom Sawyers Abenteuer und Streiche*, Mark Twain, Bd. 158 *Troquato Tasso*, Johann Wolfgang v. Goethe, Bd. 159 *Traumnovelle*, Arthur Schnitzler, Bd. 160 *Trost der Philosophie*, Boethius, Bd. 161 *Über den Umgang mit Menschen*, Adolph Freiherr v. Knigge, Bd. 162 *Uli der Knecht*, Jeremias Gotthelf, Bd. 163 *Uli der Pächter*, Jeremias Gotthelf, Bd. 164 *Ungeduld des Herzens*, Stefan Zweig, Bd. 165 *Ut oler Welt*, Wilhelm Busch, Bd. 166 *Vater Goriot*, Honorè de Balzac, Bd. 167 *Väter und Söhne*, Ivan Sergejeviç Turgenev, Bd. 168 *Verlorene Illusionen*, Honorè de Balzac, Bd. 169 *Von der Freiheit eines Christenmenschen*, Martin Luther – Bd. 170 *Von der Ursache, dem Prinzip und dem Einen*, Bruno Giordano, Bd. 171 *Vor Sonnenuntergang*, Gerhard Hauptmann, Bd. 172 *Walden oder Leben in den Wäldern*, Henry D. Thoreau, Bd. 173 *Wilhelm Meisters Lehrjahre*, Johann Wolfgang v. Goethe, Bd. 174 *Wilhelm Meisters Wanderjahre*, Johann Wolfgang v. Goethe, Bd. 175 *Wilhelm Tell*, Friedrich v. Schiller